Guerra psicológica y engaño

Lo que necesita saber sobre el comportamiento humano, la psicología oscura, la propaganda, la negociación, la manipulación y la persuasión

Índice

Primera Parte: Guerra psicológica

La guía fundamental para entender el comportamiento humano, el lavado de cerebro, la propaganda, el engaño, la negociación, la psicología oscura y la manipulación

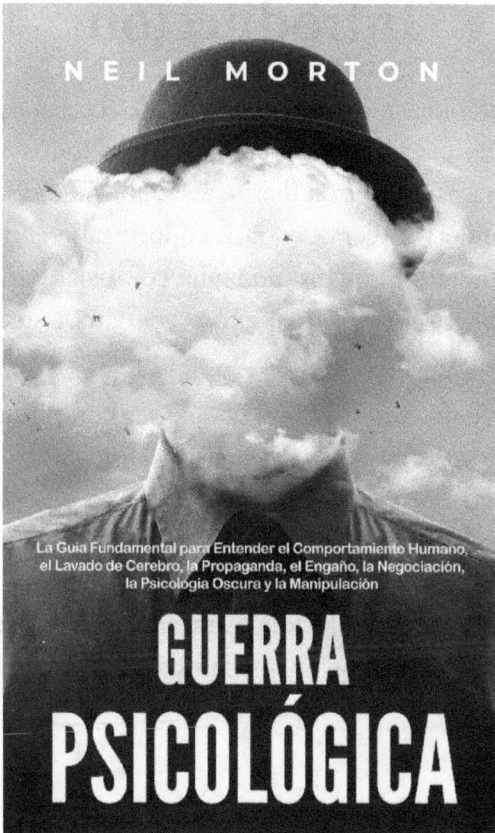

Introducción

¿La guerra psicológica suena a novela de James Bond? Nunca podría afectarle, ¿verdad? La verdad es que todos vemos alguna forma de guerra psicológica a diario. Este libro está lleno de formas fáciles de entender, sin jerga, para reconocer a la gente que quiere manipular su mente. Si quiere una guía completa para dejar de ser manipulado por los medios de comunicación, por su jefe, o incluso por su pareja, no busque más.

El consejo de un experto no tiene que ser complicado y difícil de entender. *Guerra psicológica: La guía fundamental para entender el comportamiento humano, el lavado de cerebro, la propaganda, el engaño, la negociación, la psicología oscura y la manipulación* contiene métodos y ejercicios para todos. Incluso si no reconoce ninguna forma de manipulación o engaño a su alrededor, vale la pena conocer los peligros potenciales que pueden surgir en el futuro.

Capítulo 1: ¿Qué es la guerra psicológica?

La guerra psicológica se conoce con una variedad de nombres: PSYWAR, guerra política, «Corazones y Mentes», PSYOP, y propaganda, por nombrar algunos. Aunque la mayoría de la gente reconoce la aparición de la guerra psicológica a partir de la Segunda Guerra Mundial, tiene orígenes mucho más antiguos y se remonta a la misma humanidad.

La guerra psicológica es el uso de técnicas de no combate para engañar e intimidar a los oponentes e influir en su integridad psicológica. Las técnicas empleadas están diseñadas para atacar los pensamientos, las emociones y las actitudes con propaganda y amenazas e influir en las acciones de las personas.

La propaganda no es un concepto amenazador cuando se usa solo. Daniel Lerner escribió sobre la teoría de la propaganda «negra», «blanca» y «gris» en su libro de 1949 *Sykewar; Psychological Warfare Against Germany, D-Day to V-E Day.*

 - **Propaganda blanca:** significa, el uso de información veraz con un sesgo moderado para influir en los oponentes. En la Segunda Guerra Mundial, esto incluía millones de folletos lanzados desde aviones sobre territorio amigo y enemigo. Los panfletos dejaban clara su fuente y contenían información diseñada para fomentar el apoyo y las contribuciones del público objetivo.

- **Propaganda gris:** a menudo anónima y con información principalmente verdadera. Si hay declaraciones falsas, es poco probable que puedan ser desmentidas. Se trata de presentar argumentos legítimos que están fuera del orden del día, pero sus fuentes no están claras.

- **Propaganda negra:** en pocas palabras, noticias falsas. Este tipo de propaganda puede contener tanto declaraciones verdaderas como falsas, pero su fuente parecerá legítima. Este tipo de propaganda está diseñada para ser totalmente creíble y se distribuye con intenciones subversivas.

La diferencia entre la propaganda gris y negra suele ser una línea fina. La forma más efectiva de la propaganda negra, es cuando parece provenir de fuentes confiables. A menudo la forma de delación es cualquier vínculo con la propaganda gris, menos convincente.

Hay muchas formas diferentes de guerra psicológica, pero el resultado es el mismo. Las tácticas empleadas están diseñadas para desmoralizar, influir en las creencias, cambiar los motivos y agitar las emociones. El objetivo de estas tácticas puede ser desde el hombre de la calle hasta la más alta forma de gobierno, incluyendo a todos los que se encuentran en medio.

Formas simples de guerra psicológica

- **Boca a boca:** la comunicación cara a cara puede parecer fiable, pero puede contener rumores y falsedades.

- **Medios de entretenimiento:** quizás pensamos que la televisión y el cine se utilizan puramente para el entretenimiento, pero pueden influenciarnos sin darnos cuenta. Los mensajes y la información sutiles pueden presentarse como una diversión inofensiva, pero pueden ser una forma eficaz de alterar los pensamientos y las creencias de las personas.

- **Medios de audio:** si escucha la radio, ya conocerá el poder del sonido. El suave ruido de fondo puede filtrarse y registrarse con bastante facilidad. Aunque se concentre en otras cosas, su cerebro está hecho para registrar el sonido.

- **Medios visuales:** los folletos, periódicos y revistas pueden parecer anticuados, pero todavía juegan un papel en la guerra psicológica. Utilizan imágenes visuales para apelar a nuestros instintos básicos e influir en nuestros pensamientos.

- **Fuentes en línea:** por supuesto, la Internet y las influencias en línea no pueden ser ignoradas. A medida que pasamos más tiempo mirando pantallas, su posibilidad de influir en nuestros pensamientos aumenta.

Entender la guerra psicológica significa entender su papel en la batalla, la arena por excelencia de los enemigos, y el conflicto.

Tácticas típicas de la guerra psicológica

- **Folletos impresos:** usar folletos impresos para sugerir que el enemigo debe retirarse del campo de batalla. Distribuir folletos simples con un mensaje fuerte de que la rendición es su única opción siembra semillas de duda en los combatientes cansados y temerosos de la batalla. Las instrucciones sobre cómo rendirse de forma segura a menudo van acompañadas de la garantía de que no les pasará nada.

- **Exageración:** el enemigo a menudo se puede convencer de sus debilidades al atestiguar un ataque masivo del bando contrario. El empleo de gran número de tropas con armamento avanzado a menudo conducirá a una baja de la moral y sentimientos de derrota en el otro lado.

- **Privación de sueño**: este simple, pero efectivo, método consiste en proyectar sonidos fuertes y molestos o música rock en el campamento enemigo. Lo cual lleva a una falta de sueño, que hace a las tropas ineficaces y poco lúcidas.

- **Rumores acentuados:** si el enemigo cree que el otro tiene armas avanzadas químicas o biológicas, puede ser tan efectivo como tenerlas. Crear una amenaza con efectos devastadores hará que se replanteen sus estrategias.

- **Eventos de «bandera falsa»:** si un lado puede convencer a su enemigo de que tiene aliados, puede ser un punto de inflexión en cualquier guerra o batalla. Crear eventos y ataques que parecen ejecutados por nuevos combatientes puede hacer que el enemigo se sienta abrumado y derrotado.

Primeros ejemplos de guerra psicológica

Desde la prehistoria, los humanos han comprendido la importancia de conseguir ventaja para ganar la batalla, desplegando métodos ingeniosos para bajar la moral del enemigo y debilitar su espíritu.

- **Los silbatos aztecas de la muerte**: a finales de los años 90, los arqueólogos desenterraron dos instrumentos con forma de cráneo en México. Un templo dedicado al dios del viento reveló el esqueleto de un hombre sacrificado agarrando los dos objetos. Se identificaron como «silbatos de la muerte», a menudo utilizados para intimidar al enemigo en la batalla. Se informó que sonaban como el «grito de los mil cadáveres», los silbatos se usaban para poner nervioso al enemigo y quebrar su voluntad.

- **Escudos sagrados**: en el 525 a. C., el emperador Cambises II de Persia utilizó el amor de los egipcios por los gatos para derrotarlos en la Batalla de Pelusio. La primera línea de los soldados persas tenía perros, gatos y ovejas rehenes. También se dice que los soldados dibujaron gatos en sus escudos y sujetaron gatos reales a sus armaduras. Todos estos animales eran venerados por los egipcios, lo que les hacía dudar al atacar.

- **Terror visual de Tamerlán:** en el siglo XIV, el mundo musulmán y partes de Asia estaban gobernadas por Tamerlán, también conocido como «Tamerlán el cojo», un líder lisiado por la parálisis. Se dice que decapitó a sus enemigos y utilizó sus habilidades para construir pirámides. A Tamerlán se le atribuyen algunas de las tácticas de terror más efectivas que haya visto el mundo antiguo. Tras su triunfo sobre el Imperio otomano, encerró al sultán en una jaula y lo exhibió en sus habitaciones.

- **Vlad el Empalador:** a menudo considerado como la inspiración del personaje de Bram Stoker «Drácula», Vlad el Empalador comprendió la importancia de la guerra psicológica en el siglo XV. A menudo se enfrentaba a fuerzas más grandes y poderosas que las suyas, pero sabía cómo luchar con recursos limitados. Empalar cadáveres en estacas resultó ser una forma eficaz de infundir terror incluso a los oponentes más formidables.

- **Genghis Khan:** uno de los exponentes más eficaces de la guerra psicológica, Khan comprendió cómo utilizar la desinformación para engañar a sus enemigos. Exageró el tamaño de sus fuerzas y utilizó maniquíes montados en caballos para reforzar el efecto. Empleó timbales para destrozar los tímpanos de sus oponentes y evitar que durmieran. Tenía espías en todos los campos y sin duda sabía más de sus oponentes que sus enemigos de él. Los mongoles se convirtieron en una fuerza mítica preparada para matar gran número de tropas y civiles por igual.

El uso moderno de la guerra psicológica

El primer uso significativo de la guerra psicológica en el siglo XX ocurrió durante la Primera Guerra Mundial. Cuando la guerra estaba en marcha, se comprendió rápidamente el uso de las tácticas para hacer al resto del mundo más empático con los británicos. Gran Bretaña tenía fuertes redes que utilizó para crear comunicados interculturales y vencer en la batalla gracias a las buenas relaciones.

Gran Bretaña también tenía un gran servicio diplomático que había funcionado antes con otras naciones. Los alemanes, por el contrario, intentaron previamente incitar revoluciones en varias partes del mundo, lo cual formó una opinión desfavorable.

A principios de la guerra, se creó una Agencia de Propaganda que incluía a algunos de los grandes literatos de la época. Luminarias como Rudyard Kipling, Thomas Hardy, y otros autores notables, compusieron varias publicaciones para convencer al mundo de que los británicos eran «los buenos». Los panfletos enumeraban las atrocidades cometidas contra los ciudadanos comunes por las fuerzas alemanas y estaban ilustrados con imágenes cargadas de emoción para reforzar la información. Estos panfletos se distribuyeron en territorios neutrales para animar a las naciones a unirse a su lucha.

Más adelante en el conflicto, la agencia cambió sus métodos. Concentró su objetivo en las tropas alemanas que habían pasado muchos años en condiciones atroces en las trincheras. Los folletos fueron diseñados para que parecieran escritos por los prisioneros de guerra detenidos en Gran Bretaña. Daban la impresión de tener condiciones humanas, buena comida y ropa limpia. Instaban a los soldados a rendirse contando historias de la jerarquía alemana que comía bien y vivían una buena vida. Se cree que más de 25 millones de estos folletos fueron impresos y distribuidos durante el conflicto.

Los británicos no fueron los únicos en emplear estas tácticas. Los líderes franceses tomaron el control de los medios de comunicación de la nación y los usaron para crear artículos y folletos que repudiaban a las fuerzas y al gobierno alemán. Francia trabajó mano a mano con sus contrapartes europeas para crear sentimientos negativos hacia las fuerzas alemanas. Se cree que los alemanes descubrieron el poder de las operaciones psicológicas mucho más tarde. Tuvieron éxito al crear buenos sentimientos dándole a Lenin, un revolucionario ruso, un viaje gratis en un tren seguro después de la derrota del Zar. Esta acción llevó a Rusia a retirarse de la guerra poco después.

Guerra psicológica en la Segunda Guerra Mundial

Unas décadas más tarde, el mundo entró de nuevo en conflicto. Durante toda la guerra, el Eje y los Aliados hicieron un uso prolongado de la propaganda dirigida a la manipulación psicológica del enemigo. La guerra ya no era una prueba de la superioridad armamentística o de las tropas armadas. Implicaba la manipulación de las peores partes y más vulnerables de la psique humana para reducir sistemáticamente a los soldados a caer sobre sus rodillas hasta que estuvieran demasiado desmoralizados para luchar.

Se distribuyeron folletos que mostraban la infidelidad marital e imágenes de familias destrozadas por la guerra. Fueron diseñados para aumentar la inseguridad que sentían los soldados con esposas y seres queridos en casa. Hitler introdujo primero psicólogos capacitados para que le ayudaran en sus esfuerzos bélicos, pero Gran Bretaña entró rápidamente a la carrera por el dominio psicológico.

Surgió la ciencia de la psiquiatría de combate, y por primera vez se enumeraron los efectos psicológicos de la guerra en el individuo.

Se descubrió que la angustia de la guerra consiste en cinco etapas diferentes que son:

1) Dolor.

2) Frío.

3) Hambre y sed.

4) Fatiga.

5) Aburrimiento y soledad.

Inicialmente, las tropas están ansiosas por ir a la batalla y llenas de entusiasmo nervioso. Cuando entran en la zona de combate, surge una sensación de resignación. Empiezan a sentir su mortalidad y se deprimen. Están en un lugar extraño, rodeados por el ruido y los olores del campo de batalla. A medida que el proceso continúa, empiezan a pensar en la familia en casa. El entorno al que se enfrentan día tras día se vuelve abrumador, y se hunden aún más en la depresión. Es entonces cuando son vulnerables a la guerra psicológica, y ambos contendientes se dieron cuenta de esto al principio del conflicto.

La propaganda radial surgió en todos los bandos acompañada de folletos impresos, periódicos y boletines de noticias. Los Aliados usaron películas, imágenes con carga emocional y campañas de radio para infiltrarse en los frentes nacionales del enemigo.

Cuando Estados Unidos entró en el conflicto, el nivel de propaganda se elevó considerablemente. Los japoneses también eran adeptos de la guerra psicológica, y cada campaña en el escenario del Pacífico contó con una forma de operativo psicológico de ambos lados.

Posiblemente la forma más controvertida de guerra psicológica fue el bombardeo de Pearl Harbor en Hawai por los japoneses. El ataque fue diseñado para desmoralizar a los Estados Unidos y hacerlos salir del conflicto. Los japoneses pensaron que un movimiento tan audaz haría retroceder a los Estados Unidos y abandonar a los aliados. Este fue posiblemente el mayor error de todo el conflicto. El ataque despertó el espíritu de lucha de los Estados Unidos y provocó una campaña arrasadora con miras a las

Islas del Pacífico. El bombardeo de Hiroshima y Nagasaki finalmente bajó el telón de la guerra y los aliados triunfaron.

Iraq y las armas de destrucción masiva

Más recientemente, los ciudadanos de Estados Unidos y el Reino Unido fueron sometidos a una campaña de desinformación, la cual afirmaba que Iraq tenía «armas de destrucción masiva». Esto produjo la invasión de Iraq, con base en «pruebas» supuestamente en poder de los gobiernos de ambos países. Esta información provenía del más alto nivel de gobierno de ambas naciones, y el llamado a la guerra parecía inevitable.

Esta forma de guerra psicológica se utiliza para manipular al público para que apoye las políticas gubernamentales que de otra manera serían rechazadas. ¿El gobierno creía genuinamente en la existencia de estas armas, o usaba la afirmación para manipular al público?

La guerra psicológica en la vida cotidiana

Las acciones que llevamos a cabo y las palabras que decimos siempre afectarán a otras personas en cierta medida. ¿Pero estamos sujetos a un nivel más alto de manipulación psicológica? La respuesta simple es sí.

Tomemos la publicidad. Las imágenes que ve, y los productos que observa están cuidadosamente colocados para inducir a la compra. La gente atractiva se utiliza para hacer desear la vida o las pertenencias que están publicitando. Al usar modelos para comercializar un producto, hacen creer que si compra aquel producto en particular parecerá más atractivo.

El lenguaje asertivo es usado por los publicistas y los medios de comunicación para animar a la gente a conformarse. Utilizan frases diseñadas para hacer que el cliente se sienta mejor consigo mismo. El uso de «lenguaje asertivo» implica una combinación de persuasión y empatía al mismo tiempo.

El lugar de trabajo es también un lugar donde se utilizan métodos psicológicos de manipulación. Esto no siempre es algo malo. Un gran gerente podrá usar el condicionamiento psicológico para animar a los miembros del equipo y obtener lo mejor de ellos. Los malos gerentes usarán formas agresivas de manipulación que pueden resultar en el efecto contrario.

La verdad es que los estímulos psicológicos nos rodean. Esto no debería ponernos nerviosos o paranoicos, pero debemos ser conscientes de que la manipulación es parte de nuestra vida diaria. Aprenda a detectar información veraz y a descartar la información fabricada que le presentan.

Capítulo 2: Todo comienza con las personalidades oscuras

Ahora nos adentramos en el mundo de las personalidades humanas. Nuestro comportamiento y personalidades son lo que nos forman como seres humanos, y las personas que exhiben rasgos de personalidad oscura han sido descritas como parte de la «Tríada Oscura». Este término fue acuñado por los psicólogos para las personas que son propensas a manipular y engañar a otros para salirse con la suya.

La Tríada Oscura es un término utilizado para describir los tres rasgos de personalidad que indican una personalidad «oscura».

Tres rasgos de personalidad

1) **Narcisismo.** Algunos de los signos menos obvios de un narcisista son:

 - Son agradables: los narcisistas clásicos darán una gran primera impresión. Son confiados y carismáticos.

- Se encontrarán en roles de liderazgo: no es que sean buenos líderes, pero les encanta asumir el rol. Los narcisistas estarán muy seguros de sí mismos y, por lo tanto, es muy probable que soliciten ascensos.

- Siempre se las arreglan para dirigir la conversación hacia ellos mismos: no importa que otro tenga la noticia más emocionante de la historia, en pocos minutos, la conversación tratará sobre ellos.

- Se niegan a asumir la culpa: cuando un narcisista habla de sí mismo, normalmente será sobre sus éxitos y triunfos. Incluso cuando la historia involucra el fracaso, nunca será culpa del narcisista.

- Les encanta verse bien: los narcisistas aprovecharán al máximo su apariencia y estarán bien arreglados. Esto no significa que todas las personas atractivas o las que se enorgullecen de su apariencia sean narcisistas.

- Se compran lo mejor: los objetos materiales son muy importantes para los narcisistas, y les encanta exhibirlos. Un ejemplo de narcisismo es una persona que conduce un Maserati, y se jacta del buen precio al que lo consiguió.

- La presencia en las redes: cómo se presentan a los demás es muy importante para los narcisistas. Serán conscientes de cada imagen en sus redes sociales, y no tendrán ni una sola imagen mala. Tendrán una amplia gama de amigos y pasarán mucho tiempo manteniendo su presencia online.

- Todo es personal: un narcisista no aceptará ninguna forma de crítica. Será una afrenta a su propia imagen, y no reaccionarán bien.

- Dificultad para mantener las relaciones: los narcisistas buscan constantemente mejorar la persona con la que están y por eso son más propensos a la infidelidad. Tendrán un historial de relaciones fallidas e infidelidad.

2) Maquiavelismo. Los rasgos comunes de este trastorno de personalidad son:

- Enfoque en sí mismo: se centran únicamente en sus propias ambiciones e intereses.

- Utilizan la adulación para ganarse a los demás: están tan seguros de sí mismos que incluso las mentiras más descaradas pueden interpretarse como adulación. Convencen a otras personas de que las admiran y las encuentran especiales.

- Puede resultar difícil que presten atención: cuando hablan con alguien, a menudo se distraen con otras conversaciones o eventos. Esto se debe a que creen que todos los demás están por debajo de ellos y que hay algo más interesante en otra parte.

- Mienten con facilidad: su brújula moral está totalmente sesgada. Creen que el fin justifica los medios, y que cualquier mentira que digan es perfectamente aceptable.

- Carecen de moral y de principios: las convenciones sociales normales son para otros. Creen que tienen el derecho de comportarse según sus propios límites morales.

- Falta de empatía: no entienden que los demás importan o que sus acciones afectan emocionalmente a otras personas. Las personas con rasgos maquiavélicos no podrán mostrar simpatía o remordimiento. No pueden conectarse con la gente o consolarla cuando es necesario.

- No logran mantener relaciones: nadie es lo suficientemente bueno para ellos, por lo que buscan constantemente mejorar su pareja.

- Propensión a encuentros sexuales casuales sin sentir culpa: no creen que la infidelidad esté mal. Simplemente ven la oportunidad de tener sexo con alguien como algo auto-satisfactorio y gratificante. Engañarán a sus parejas regularmente, y esta es parte de la razón por la que no pueden mantener relaciones.

- Pueden mostrar altos niveles de paciencia: por su naturaleza calculadora ven la oportunidad en cada encuentro. Esto significa que pueden estar más dispuestos a mostrar paciencia con personas o situaciones que pueden resultar valiosas para ellos en el futuro.

- Priorizan los objetos materiales sobre las relaciones personales: la gran casa y el coche lujoso serán mucho más importantes para ellos que una pareja amorosa o una familia feliz. Los maquiavélicos se preocupan por la impresión que dan a los demás y cómo los perciben.

En pocas palabras, las personalidades maquiavélicas son egoístas, auto-obsesivas, y bastante inconscientes de las necesidades de los demás.

3) **Psicopatía.** Los rasgos comunes de un psicópata son:

- Un enorme sentido de la auto-importancia: incluso el más pequeño cumplido servirá para inflar su ego.

- Requieren estimulación constante: los psicópatas notoriamente tienen dificultades para comprometerse. Encontrarán las situaciones tranquilas difíciles de mantener. Están buscando constantemente el próximo momento de peligro o excitación.

- Nunca piden perdón: creen que todas sus acciones están justificadas, así que por qué necesitarían disculparse. No son conscientes de las emociones o sentimientos de otras personas.

- Falta de remordimiento: en la mente del psicópata, una vez que se comete una acción, se vuelve redundante. Inmediatamente buscan la siguiente emoción o subidón emocional. Cuando sus acciones son cuestionadas, genuinamente no pueden sentir remordimiento. No tienen el concepto de contrición.

- Vida sexual promiscua: el sexo les proporciona una inyección de adrenalina, por lo que están constantemente buscando encuentros sexuales. Los psicópatas a menudo intentarán tener sexo con parejas de ambos sexos, ya que no se trata tanto del encuentro físico, sino más bien del estimulo a su ego. Buscarán encuentros que les proporcionen peligro y excitación.

- Falta de emoción: no tienen emociones, pero pueden ser expertos en fingirlas. Entienden la importancia que otras personas dan a las muestras de emoción y pueden ser convincentes cuando se les pide.

- Falta de moderación: parte de la falta de emoción es una abrumadora ausencia de miedo. Sin miedo, los límites se reducen. ¿Por qué no hacer algo si no tiene miedo?

- Creen que el mundo les debe: son expertos en usar el encanto, la adulación y la manipulación para manejar a la gente a su voluntad. Esto les permite tener éxito sin trabajar a un nivel normal. Si ven la manera de mejorar sus circunstancias, la tomarán, sin importar cómo afecte a los demás.

- Metas y ambiciones a corto plazo: no ven el sentido de planificar el futuro porque es un concepto que no entienden. Los psicópatas viven el momento y no entienden las metas o ambiciones a largo plazo.

- Propensos a estallidos de mal temperamento o de rabia: si las cosas no van como quieren, pueden llegar a un nivel de estrés tal que reaccionan con repercusiones violentas. Incluso el más mínimo contratiempo puede parecerles devastador, ya que no tienen el concepto de fracaso y no saben cómo lidiar con él.

- Pueden ser encantadores cuando tratan de influenciar a los demás: entienden cómo sacar partido del encanto cuando es necesario.

- Tienen un historial de problemas de comportamiento en la infancia: habrán sido niños «problema» desde la adolescencia... Pueden tener un historial de crueldad con otros niños y animales. Sus padres habrán encontrado imposible controlarlos o disciplinarlos.

- Propensos a cometer pequeños delitos: nada está fuera de los límites de un psicópata. Incluso el más pequeño de los crímenes les dará una emoción momentánea, y estarán constantemente buscándola.

En un mundo perfecto, estos rasgos no serían «normales» en personas exitosas, pero todos sabemos que el mundo está lejos de ser perfecto. Los narcisistas tienen éxito al elegir a sus parejas, aunque no tengan la habilidad de formar relaciones a largo plazo. Los rasgos maquiavélicos también son útiles para la manipulación social, y cuando se combinan con una personalidad narcisista, confieren una marcada ventaja en las citas.

La combinación de los dos primeros rasgos de la Tríada Oscura también es ventajosa para aquellos que buscan entrar en el mundo de los negocios o en la política. Las personas con estos rasgos serán naturalmente capaces de manipular a los demás y perseguir sus objetivos con una ambición despiadada. No se preocuparán si hacen sufrir a alguien en su camino hacia el éxito. Es cierto que aquellos que tienen acero en su interior encontrarán el camino más rápido que aquellos con conciencia.

Un informe publicado en el *Journal of Business Ethics* (Diario de Ética Empresarial) en 2016 declaró que los tres comportamientos de la Tríada Oscura funcionan en conjunto para permitir que la gente actúe fraudulentamente sin considerar las consecuencias. El informe titulado *The Effects of the Dark Triad on Unethical Behavior* (Los efectos de la Tríada Oscura en el comportamiento poco ético), concluye que el narcisismo motiva a los individuos a adoptar comportamientos no éticos para los demás. El maquiavelismo altera entonces las percepciones de los actos y comportamientos y le da al perpetrador un sentido de justicia fuera de lugar. La psicopatía les ayuda a racionalizar el comportamiento y eliminar todos los sentimientos de culpa o remordimiento.

Los factores «D»

Los proyectos de investigación recientemente publicados han propuesto una definición más amplia del lado oscuro de la personalidad humana. Han acuñado la frase «el factor D» para cubrir algunos de los otros rasgos de la personalidad que son indicativos de una personalidad oscura.

La Tríada Oscura tiene diferencias notables y puede encontrarse de forma individual o en conjunto en las personas, pero deben examinarse algunos otros rasgos de la personalidad.

- **Rencor:** cualquiera que haya utilizado la frase «cortarse la nariz para fastidiar la cara» entiende la concepción común del rencor. Es la voluntad de ponerse en riesgo para asegurarse de que otras personas sufran.

-**Falta de moral:** los procesos de pensamiento empleados por una persona son diferentes a los de los demás y le permiten comportarse sin emociones negativas. No tienen angustia, culpa o vergüenza, incluso cuando se comportan de forma poco ética.

- **Egoísmo:** no debe confundirse con el egotismo, el egoísmo es la teoría ética basada en la búsqueda de los intereses propios. El egotismo es la exageración del valor de un individuo.

- **Sadismo:** el deseo de causar dolor por placer. Los sádicos creen que tienen derecho a causar dolor y sufrimiento a los demás, para su propio placer.

Los estudios han demostrado un factor común entre todos los rasgos de personalidad oscuros. Es la tendencia a poner los objetivos e intereses personales por encima de cualquier otra cosa. Este núcleo común demuestra una justificación moral para la angustia, el dolor y el sufrimiento causado a otros sin ninguna forma de repercusiones emocionales, como el remordimiento. Sin embargo, no todos los factores de personalidad oscura son iguales, y pueden resultar en acciones y comportamientos diferentes.

¿Cómo se miden los rasgos de la tríada oscura?

Hay múltiples formas de evaluar si alguien tiene rasgos psicológicos definidos por la Tríada Oscura. La forma más popular es probar a un individuo con un test de inventario personal, para explorar la presencia de estos rasgos indeseables.

Una de las formas más populares de esta prueba fue desarrollada en 2010 cuando dos psicólogos de Florida colaboraron para producir una prueba de doce preguntas que fue apodada la «Docena Sucia».

El cuestionario tiene cuatro preguntas por rasgo. Las primeras cuatro se relacionan con el maquiavelismo, las cuatro del medio con la psicopatía, y las cuatro finales con el narcisismo. Cuanto más alto sea el puntaje, más fuertes serán las tendencias.

Las primeras cuatro preguntas se refieren a la actitud del individuo hacia la manipulación, la adulación, la explotación y el engaño cuando trata de influenciar a los demás. Las cuatro preguntas del medio se refieren a su actitud hacia el cinismo, la moralidad, el remordimiento y los niveles de insensibilidad. Las cuatro últimas preguntas se refieren a declaraciones sobre sí mismos, su autopercepción, cómo los ven los demás y la importancia del prestigio y el estatus.

Se pide a los participantes que califiquen las declaraciones con una marca para indicar la relevancia que creen que tiene cada una. Cuanto más alta sea la puntuación, más altas serán las tendencias de la Tríada Oscura. Hay múltiples pruebas disponibles en línea, algunas son más elaboradas y otras son más simples. Si realmente quiere descubrir cuán oscura es su personalidad, le pueden dar una indicación. Siempre que responda honestamente, ¡por supuesto!

Mientras que la policía y las agencias de la ley usan regularmente estos tests para establecer los rasgos de personalidad de los sospechosos, ¿pueden ser útiles para otras agencias que necesitan saber con quién están tratando?

Los militares, por ejemplo, han descubierto algunos datos interesantes sobre la presencia de los rasgos de la Tríada Oscura en su personal. La comunidad científica estudió la presencia de estos rasgos en el personal que cometió crímenes de guerra mientras servía en el ejército y encontró bastantes ejemplos. Tanto en el conflicto de Iraq como en el del Afganistán, hubo ejemplos de soldados que cometieron atrocidades contra civiles mientras prestaban servicio en aquellos países. El abuso sistemático de los prisioneros ha sido un problema recurrente en las fuerzas armadas y revela la probabilidad de que algunos soldados tengan un núcleo interno de oscuridad.

Por supuesto, se puede argumentar que toda persona que se inscriba voluntariamente en un trabajo que implique combatir y/o matar a otras personas debe tener un conjunto especial de aptitudes. Esto es evidente, especialmente en el ejército, ya que los soldados de élite a menudo presentan rasgos oscuros. Tienen la agresividad y la falta de moderación moral para hacer el trabajo, sin importar las consecuencias. El escenario de la guerra no tiene reglas y restricciones regulares, y a veces el personal con estos rasgos oscuros es esencial para el éxito.

Se ha sugerido que se requieren pruebas más rigurosas para detener los incidentes de crímenes de guerra y el comportamiento inaceptable. Sin embargo, también hay investigaciones que sugieren que el entrenamiento militar de los cadetes está diseñado para hacerlos más dominantes y agresivos socialmente. Desarrollar un equilibrio saludable es el objetivo obvio, pero mejorar el estándar de la ética militar puede eliminar algunos rasgos oscuros muy necesarios que forman parte de un soldado exitoso.

Entonces, ¿qué podemos deducir de los tipos de personalidad de la Tríada Oscura? Las personas con estos rasgos a menudo tendrán éxito inicialmente y cosecharán las recompensas de su seguridad y su enfoque en lo personal, junto con la falta de moral. Sin embargo, bajo un escrutinio a largo plazo, serán descubiertos. Habrá situaciones de fraude, mentiras descaradas, engaños y descrédito general. Es inevitable que todos tengamos algún contacto con personas con rasgos de personalidad oscuros, e incluso podemos encontrarlos encantadores al principio. Reconocer cuándo cortar los lazos podría ahorrarle una tonelada de dolor y darle tranquilidad.

Tenga en cuenta que la mayoría de los psicópatas y otras personalidades de la Tríada Oscura dan una buena primera impresión. Intente rascar la superficie tan pronto como pueda y vea lo que hay debajo de ese encantador y brillante exterior. Puede que encuentre un interior más oscuro que podría ser peligroso para usted y su cordura.

Capítulo 3: El arte del engaño

Si alguien le dice que nunca ha dicho una mentira, entonces la verdad es que es un mentiroso. Mientras que la mayoría de la gente suele ser honesta, la persona promedio miente al menos una vez al día. El engaño es una forma común de comunicación, practicada por todos. Algunas mentiras son enormes, mientras que otras se despliegan para mejorar las situaciones o para evitar los sentimientos de alguien.

La verdad es que es difícil evitar la mentira. Lo hacemos para conseguir lo que queremos. Lo hacemos para evitar situaciones embarazosas. Lo hacemos para encubrir nuestros errores, etc., etc. y el engaño puede ser un hábito difícil de romper. Sin embargo, si le atrapan en una mentira, puede ser destructivo. Otras personas se sentirán engañadas y decepcionadas por sus mentiras. Se distanciarán y animarán a otros a desconfiar de usted. Si dice la verdad siempre que sea posible, puede evitar este vacío social y llevar una vida más feliz.

Cómo reconocer a un buen mentiroso

El engaño, la falsedad, el fraude, las artimañas y la astucia son los cimientos de la personalidad de la Tríada Oscura. Son expertos en situaciones sociales y pueden mentir descaradamente.

Aquí hay algunas formas de detectar a un mentiroso experto:

- Son intérpretes naturales: piense en los actores y en el trabajo que hacen. Los actores «fingen» ser otra persona para ganarse la vida. Son mentirosos profesionales. Si está en compañía de alguien que parece estar actuando y hablando con una audiencia, su radar debería sonar.

- Son manipuladores: los buenos mentirosos pueden dirigir las conversaciones y situaciones para adaptarlas a su agenda. Si surge un tema que les hace sentir incómodos, tendrán una estrategia para cambiar el tema rápidamente, pero sin incomodidad.

- Son expresivos y atractivos: puede parecer injusto, pero se confía más en las personas atractivas que en sus pares menos atractivos. Combine la atracción con una animada forma de hablar, y tendrá la fórmula perfecta para un mentiroso creíble. Por supuesto, no todas las personas bonitas son mentirosas, pero intente y recuerde ser más consciente cuando se enfrente a una persona atractiva y animada.

- Son elocuentes: tropezar las palabras o llenar la conversación con pausas verbales como «hmm» o «uh» no es muy atractivo. Un buen mentiroso evitará frases insignificantes como «ya sabes» o «es como», pues la elocuencia es más convincente.

- Buena memoria: los mentirosos a menudo son atrapados por una falla de memoria. Las inconsistencias en una historia son la clave más importante cuando se trata de detectar una mentira.

- Mantienen información oculta: cuando se enfrenta a una pregunta directa, un mentiroso experimentado será frugal con los detalles. Evitará los detalles y dirá lo menos posible. Usan frases como «Realmente no puedo recordar» o «No tengo recuerdos claros» diseñadas para evitar la necesidad de una mentira construida.

- Constantemente intentan demostrar su honestidad: la gente honesta no necesita convencer a nadie de que son honestos y declaran sus hechos e información sin respaldo. Cuando alguien miente, puede que sienta la necesidad de asegurar sus «honestas» intenciones. Frases como «Juro que es verdad» o «para ser honesto» deberían hacer sonar las alarmas. Al enfatizar su honestidad, lo más probable es que sean deshonestos o mientan.

- Tienen respuestas ensayadas: cuando le hace una pregunta a una persona honesta, se detendrá y pensará su respuesta. La pausa puede ser solo un segundo o algo así, pero puede decir mucho. Los mentirosos tienen un guion y ensayan sus respuestas de antemano. Si alguien da una respuesta inmediata llena de detalles y ejecutada sin problemas, podría ser una mentira. La mayoría de la gente esperaría que los mentirosos vacilen por no estar preparados para las preguntas repentinas, pero en realidad puede ser al contrario. Si le pregunta a alguien qué hizo en las vacaciones del año pasado, la gente honesta tendrá que tomarse un momento para recordar. Las respuestas ingeniosas y pulidas son una señal de deshonestidad.

- Atención a los pronombres: los mentirosos tratan constantemente de distanciarse de sus mentiras. Evitarán usar los pronombres «yo», «mí» y «mío» en la conversación. Se referirán a sí mismos en tercera persona. En la escritura, el punto de vista más común es la tercera persona, y así el uso de la misma por los narradores está bien documentado. Esto tiene mucho sentido, ya que los mentirosos básicamente cuentan una historia, por lo cual reconocer este tipo de discurso puede ser una buena forma de identificar una mentira.

- Tono y estructura: escuchar la voz de alguien puede ser una gran manera de identificar una mentira o un mentiroso. Cuando la gente dice una mentira, puede haber un ligero cambio en el tono de su voz y en la forma de estructurar las frases. Tal vez escuche un tono de voz más alto o más bajo. Si el ritmo de habla de una persona se altera, puede significar que no es sincera. Las personas honestas hablan con un tono constante y medido, ya que no tienen nada que ocultar. Cuando el cerebro trabaja en exceso para pensar diferentes maneras de construir información fresca, puede olvidarse de regular los patrones de habla y el tono de voz.

El lenguaje corporal de un mentiroso

Los signos de que alguien miente pueden ser difíciles de detectar, especialmente si es un mentiroso experimentado. No hay formas probadas para determinar con un 100% de certeza si alguien miente, pero hay algunas señales a las que hay que estar atento. Las pistas verbales son importantes, pero el lenguaje corporal puede decirnos aún más. La forma en que una persona reacciona ante una situación será más difícil de controlar y puede darnos pistas importantes cuando alguien miente. El lenguaje corporal representa el 55% de nuestra percepción cuando nos comunicamos con otras personas.

Entonces, ¿qué debemos buscar?

Cambios rápidos en la posición de la cabeza

Si alguien sacude la cabeza justo antes de responder a una pregunta, podría ser un indicio; no es sincero. Inclinar la cabeza o girarla hacia un lado es una señal segura de que algo está mal. Cualquier movimiento repentino de la cabeza debe considerarse una posible advertencia de mentiras.

Cambios en la respiración

Al mentir, el cuerpo siente presión, y se tensa. Cuando la gente miente, está tensa y nerviosa, lo cual afectará su ritmo cardíaco normal. Se eleva, y esto, a su vez, aumenta el flujo de sangre. Los hombros se pondrán tensos y se elevarán de su posición normal y la voz de la persona se volverá superficial. Básicamente, experimentará sensaciones relacionadas con la falta de aliento, que cambiarán los patrones de respiración.

Rubor y sudor

Los síntomas anteriores también provocan aumento de la temperatura, lo que podría dar lugar a mejillas rojas y a coloración de la tez. El sudor en el labio superior es un signo seguro de ansiedad, al igual que las palmas de las manos sudorosas. Cualquier signo de un aumento de la temperatura sin causa externa podría ser una señal de mentiras.

Falta de movimiento

Un error común es pensar que la gente se inquieta al mentir. Las sacudidas y los movimientos nerviosos pueden indicar un nivel de ansiedad normal. De hecho, la falta de movimiento es un signo mayor de que algo no está bien. El cuerpo humano se prepara para una respuesta de lucha o huida, y quedarse quieto es la primera etapa de la respuesta de lucha.

El cuerpo se prepara para la confrontación y conservará la energía para la lucha que se avecina. Cuando la gente habla y se relaciona con otros, es normal mover el cuerpo con movimientos sutiles, relajados y en su mayoría inconscientes. La falta de movimiento, que conduce a una forma de postura catatónica y rígida, es un signo seguro de prepararse para una discusión.

Pueden tocar o cubrir su boca

Se ha demostrado que es una de las señales más claras de que alguien le está mintiendo. Cubrir la boca con la mano es una respuesta automática a las falsedades o a los enfrentamientos. Cuando los adultos levantan sus manos y las colocan frente a sus labios o boca, indican una desconexión con lo que comunican. Puede que no se den cuenta de que están haciendo el gesto y continúen la conversación, pero hay que advertir que sus palabras pueden contener alguna dosis de falsedad.

Pueden cubrir partes vulnerables del cuerpo

La garganta, el pecho, el abdomen y la cabeza son partes vulnerables del cuerpo. La piel suave de estas zonas está particularmente en peligro cuando se las ataca. El hecho de cubrir estas zonas con una mano indica cierto nivel de ataque o miedo. Esto puede no aplicarse a los mentirosos como tal, pero indica que se ha tocado un nervio con algo dicho. Cuando esté conversando con la gente, esté atento a este gesto indicador de que les está causando preocupación.

Arrastrar los pies

Una rápida mirada a los pies de alguien puede decir mucho. Ya hemos mencionado la respuesta de lucha o huida con la que los humanos nacen. Mientras que el resto del cuerpo puede estar preparándose para luchar, arrastrar los pies es otra señal de un potencial mentiroso. Están incómodos con la situación y están ansiosos por escapar.

La incapacidad de hablar

El sistema nervioso automático es propenso a la tensión cuando se miente, y se secará la saliva de la boca. Esto causa que la membrana mucosa se seque y no funcione correctamente. Ver a alguien fallar al intentar hablar puede significar que este proceso es muy intenso. Morderse el labio y fruncir la boca también son intentos inconscientes de generar saliva por otros medios.

Contacto visual

Pensamos que la gente que no mantiene el contacto visual puede ser vista como sospechosa. Deben tener algo que ocultar, ¿verdad? Aunque esto es cierto, hay otra cara de la moneda. Los mentirosos experimentados lo compensan con una cantidad desmesurada de contacto visual. Usarán una mirada fría y dura para tratar de intimidar y a menudo serán los últimos en romper el contacto. La gente honesta que tiene una conversación natural ocasionalmente romperá el contacto visual y luego lo reanudará. Este es un comportamiento normal, pero los mentirosos tratarán de usar una mirada de acero para controlar y manipular.

Este tipo de contacto puede producir que los ojos se resequen. Vigile el parpadeo rápido, ya que esto indica un esfuerzo por rehidratar los ojos sin romper el contacto.

Gestos agresivos

Si un mentiroso siente que se le confronta o está a punto de ser descubierto, intentará cambiar de rumbo las cosas con agresividad. Señalar las cosas, sacar la barbilla y los movimientos de los brazos son una indicación de que le está calando hondo. Su cara puede que todavía mantenga una expresión mesurada y tranquila, pero cualquier signo de agresión es una señal segura de nerviosismo.

¿Cuáles son los diferentes tipos de engaño?

La forma más común de engaño es decir directamente algo que no es verdad. Luego están los mentirosos que distorsionan los hechos para hacerlos parecer verdaderos. Dejar información fuera se considera como el pecado de omisión. Las mentiras egoístas tratan de conseguir lo que se quiere, hacer ver mejor y cubrir cualquier error. Algunas personas usan este tipo de mentiras para aumentar sus sentimientos de autoestima y confianza.

¿Podría mentirme a mí mismo?

Por supuesto. Mentir no es solo un proceso de cara al exterior. Las mentiras que la gente se dice a sí misma caen en dos categorías diferentes. Si está inflando su autoestima con mentiras, entonces corre el riesgo de no asumir los problemas a los que se enfrenta. Esto puede conducir a graves sentimientos ilusorios que pueden salirse de control.

Por otro lado, está la idea de que mentirse a sí mismo sobre sus límites puede ser una forma positiva de pensar. Piénselo, cuando se imagina a sí mismo alcanzando logros que en el fondo no está seguro de que sean posibles, ¿es una mentira, o es solo una actitud mental positiva? Las mentiras no siempre son blancas o negras, y nunca serán totalmente erradicadas de la psique humana.

Al considerar la guerra psicológica y la manipulación de los demás, es importante entender ciertas formas de engaño. El gaslighting es una táctica que entra en la categoría de la lucha más sucia. Es una táctica en la que una persona o entidad hace que su víctima se cuestione cada aspecto de su ser. Manipulan a las víctimas durante un período de tiempo hasta que tienen el control total. Es una forma de lavado de cerebro que se ha utilizado durante siglos y que aún está viva y en buen estado en los tiempos modernos.

La técnica ha sido utilizada por dictadores, líderes de cultos y abusadores, y puede estar dirigida a individuos o grupos de personas.

Entonces, ¿qué tan bien cree que funciona su «detector de mentiras»? ¿Puede detectar a un mentiroso en minutos? La verdad es que la mayoría de nosotros nos enfrentamos a tantas mentiras diariamente; que hemos perdido la capacidad de detectar el engaño. La información anterior debería darle la capacidad de convertirse en un detector de mentiras de la vida real. Así que, aquí tiene una prueba para ver cuál es su cociente de detección de mentiras.

Estas veinte preguntas evaluarán su cociente de detección mentiras:

1) ¿Cuál de estas respuestas indica el nivel más alto de deshonestidad?

    a) «Para ser honesto...»

    b) «Para ser brutalmente honesto...»

    c) «Honestamente...»

2) ¿Cómo reconoce una sonrisa falsa?

    a) Falta de movimiento de los músculos alrededor de los ojos.

    b) Falta de movimiento de los músculos alrededor de la boca.

    c) Falta de movimiento de los músculos alrededor de la mandíbula.

3) Cuando alguien dice una mentira, parpadea rápidamente:

    a) Cierto.

    b) Falso.

    c) Probablemente.

4) El uso de la cronología estricta se encontrará en:

    a) Una historia verdadera.

    b) Una historia falsa.

    c) Cualquier tipo de historia.

5) Al formular una pregunta detallada, ¿una persona deshonesta repetirá algún detalle?

    a) No.

    b) Repetirán detalles clave.

    c) Repetirán toda la declaración.

6) Una persona engañosa evitará el contacto visual:

   a) A veces.

   b) Cierto.

   c) Falso, en su lugar usarán el contacto visual excesivo.

7) ¿Una persona mentirosa responderá a una pregunta al azar tras hacer una pausa?

   a) A veces.

   b) Nunca.

   c) Siempre.

8) Cuando alguien dice una mentira...

   a) Permanecerá quieto.

   b) Se moverá con naturalidad.

   c) Se excitará desmedidamente con sus movimientos.

9) Si pilla a alguien en una mentira, ¿debería...:

   a) Preguntarle directamente qué le hizo mentir?

   b) Mantenerse callado y dejarle hablar?

   c) Preguntarle qué sintió al mentir?

10) Cuando alguien miente, la mayoría de las pistas provienen de...

   a) Sus palabras.

   b) Su comunicación no verbal.

   c) Una mezcla de las dos.

11) Un mentiroso experimentado usará lo siguiente para parecer creíble:

   a) Gestos expresivos.

   b) Declaraciones grandiosas.

   c) Todo lo anterior.

12) Cuando alguien se cubre la garganta con la mano, es un indicador:

a) Sinceridad.

b) Mentira.

c) Miedo.

13) Los Mentirosos experimentados...

a) Usarán pronombres personales.

b) Hablarán en segunda persona.

c) Usarán pronombres en tercera persona.

14) Si está interrogando a alguien y sus ojos se dirigen a la izquierda, ¿está diciendo la verdad?

a) Está diciendo la verdad.

b) No es seguro.

c) Está mintiendo.

15) Si alguien se ríe cuando responde a una pregunta, ¿significa que está mintiendo?

a) Siempre.

b) Nunca.

c) A veces.

16) ¿Los mentirosos usan el sarcasmo?

a) Siempre.

b) Nunca.

c) A veces.

17) Cuando alguien miente, su respiración se vuelve:

a) Más rápida.

b) Más lenta.

c) Sigue igual.

18) Si alguien le miente a un grupo de personas, se colocará:

a) En el centro de atención.

b) En las afueras del grupo.

c) En un lugar donde tenga una interacción limitada con el resto del grupo.

19) ¿Cree un buen mentiroso en las cosas que dice?

a) No.

b) A veces.

c) Sí.

20) ¿Los mentirosos se desenvuelven bien en situaciones sociales?

a) A veces.

b) Siempre.

c) Nunca.

Aunque esta es una prueba divertida, debería darle una idea de cómo está calibrado su «detector de mentiras». Sume los puntos para ver su resultado.

Respuestas

1. a) = 3 b) = 5 c) = 1

2. a) = 3 b) = 5 c) = 1

3. a) = 5 b) = 1 c) = 3

4. a) = 1 b) = 5 c) = 3

5. a) = 1 b) = 3 c) = 5

6. a) = 3 b) = 1 c) = 5

7. a) = 3 b) = 5 c) = 1

8. a) = 5 b) = 1 c) = 3

9. a) = 3 b) = 5 c) = 1

10. a) = 1 b) = 3 c) = 5

11. a) = 1 b) = 3 c) = 5

12. a) = 1 b) = 5 c) = 3

13. a) = 1 b) = 3 c) = 5

14. a) = 1 b) = 3 c) = 5

15. a) = 1 b) = 3 c) = 5

16. a) = 1 b) = 5 c) = 3

17. a) = 5 b) = 3 c) = 1

18. a) = 5 b) = 1 c) = 3

19. a) = 1 b) = 3 c) = 5

20. a) = 3 b) = 5 c) = 1

Los resultados son los siguientes

Menos de 35: oh querido, tiene un alma confiada. Tal vez usted es uno de los inocentes del mundo y le encanta el hecho de ver lo mejor de la gente. La vida, sin embargo, se levantará y le morderá en el culo. Tiene que darse cuenta de que hay gente mala por ahí y le dirán mentiras. Tal vez no esté listo para ser un miembro cínico y duro de la sociedad, pero necesita agudizar sus instintos.

Entre 35 y 70: esta es la categoría promedio del detector de mentiras. Entiende que le mienten regularmente, pero tiene la habilidad de detectar las realmente peligrosas. Puede que caiga algunas veces, ¡pero sobrevivirá!

Más de 70: bueno, ¡saludos al detector de mentiras humano! Nadie se va a aprovechar de usted en un futuro próximo. Puede detectar «mentiras» desde el principio y nadie le tomará el pelo. Sin embargo, tal vez quiera controlarlo un poco, ya que a veces podría parecer frío y cínico.

Capítulo 4: Guerra psicológica en las relaciones

En los siguientes capítulos, discutiremos diferentes tácticas de guerra psicológica en las relaciones y en el trabajo. Una de las tácticas más devastadoras se conoce como «gaslighting». Antes de profundizar en las diferentes formas en que el *gaslighting* afecta una relación, es importante entender los principios básicos del insidioso proceso y lo destructivo que puede ser.

¿Qué son las tácticas de gaslighting?

1) El perpetrador dice mentiras descaradas. Imagine una mentira muy descarada dicha con la cara seria. Esto sienta un precedente. Si puede decirle una mentira tan grande desde el principio, entonces ¿qué se puede esperar en el futuro? Ahora usted se encuentra en desequilibrio y no está seguro si algo de lo que le dicen es verdad.

2) El perpetrador usa negación absoluta sin importar la situación. Cuando alguien utiliza el *gaslighting*, lo negará todo. Incluso si usted lo atrapa en una mentira, o lo escucha decir algo hiriente, le mirará a los ojos y lo negará. Cuanto más lo hagan, más dudará de usted mismo.

3) El perpetrador usará la guerra emocional para aplastarlo. Una vez que hayan descifrado lo que es importante para usted, usarán esta información para destruirlo. Denigrarán las cosas que son la base de su ser. Si está orgulloso de algo en su vida, intentarán hacer que no valga nada.

4) El perpetrador le desgastará lentamente. Una de las cosas efectivas del *gaslighting* es que se hace gradualmente. El perpetrador se tomará su tiempo y destrozará sus defensas con comentarios sarcásticos y mentiras de vez en cuando. Saben cómo introducir las semillas de la duda y alimentarlas con comentarios despectivos.

5) El perpetrador cambiará de táctica y tratará de ser positivo. Cuando alguien no tiene nada bueno que decir sobre usted, hay más posibilidades de que usted reconozca lo que está tratando de hacer. Cuando usan comentarios positivos para describirle, le hacen cuestionar su juicio. Se trata de hacer que usted se replantee todas sus decisiones y que concluya que se imagina las cosas.

6) El perpetrador proyecta sus faltas sobre usted. Si está en una relación en la que su pareja le engaña, a menudo le lanzará la misma acusación. Esta es una táctica de desviación en la forma más simple. Al empezar a defenderse, se distraerá del comportamiento aberrante del *gaslighting*, y perderá de vista la situación.

7) El perpetrador atrae a un grupo de «personal de apoyo», por así decirlo. Los *gaslighters* reconocen a las personas que se mantendrán de su lado sin importar lo que hagan. Luego se dirigirán a estas personas para que reiteren los comentarios negativos sobre usted. Utilizarán comentarios comunes como «mira, te dije que tu comportamiento estaba equivocado, esta persona también lo piensa», para aislarle. Cuantas más personas estén de acuerdo con el *gaslighter*, más fuerte se vuelve. Destruirán sus defensas hasta hacerle creer que es la única persona en la que puede confiar. Esto le llevará de vuelta a ellos, y tendrán el poder en sus manos.

8) El perpetrador cuestionará su cordura. Todos tenemos miedo de ser vistos como locos o desquiciados. Un *gaslighter* usará el término para debilitarlo personalmente y frente a otras personas. A medida que empiece a cuestionar su cordura, caerá en una espiral de dudas.

La guerra psicológica no se limita al campo de batalla o a los conflictos internacionales. Nos rodea, y la única manera de asegurarse de no convertirse en una víctima es reconocer las tácticas.

Las relaciones forman una parte clave de la vida y pueden ser experiencias satisfactorias y maravillosas. Incluso cuando las relaciones se terminan, uno puede quedarse con recuerdos increíbles y cariño por su antigua pareja. En un mundo perfecto, podríamos tener relaciones exitosas con rupturas amistosas y pasar al siguiente capítulo de nuestras vidas.

Por supuesto, todos sabemos que este no es un mundo perfecto, y que estaremos sujetos a malas relaciones, pero ¿qué podemos hacer al respecto?

Reconocer lo que sucede y lidiar con ello es el primer paso para entender cómo mejorar, sanar o simplemente alejarse de las relaciones problemáticas.

¿Está listo para empoderarse? Revisemos estas formas clásicas de manipulación y cómo lidiar con ellas:

1) **Intimidación:** es la forma de manipulación menos sutil y más fácil de reconocer. Su pareja usará tácticas agresivas para salirse con la suya. Por ejemplo, puede pedirle que le lleve al trabajo y le recoja después. Esta puede ser una petición normal, pero el tono de voz debe revisarse. ¿Hay posibilidad de elegir, o la forma de pedirlo es amenazadora? Si es la segunda, entonces debería pensar cuan importante es esta relación. ¿Siente que la agresión puede pasar de la violencia verbal a la física? Si la respuesta es «sí» o incluso «tal vez», entonces corte de inmediato.

2) Gaslighting: si alguna de las tácticas de *gaslighting* mencionadas antes suena familiar, retírese de inmediato. Si su pareja constantemente juega con su mente y cuestiona su cordura, le están manipulando de la peor manera posible. Es abuso.

3) Hacerse la víctima: ¿se ha visto pedir disculpas incluso cuando no estaba equivocado? Su compañero está jugando a ser la víctima. Está usando catalizadores emocionales para hacerle sentir mal a usted a la vez que encuentra cómo sentirse justificado. Si su pareja se niega a asumir la responsabilidad de sus actos, debe cortar este comportamiento de raíz. Discúlpese por lo que ha hecho, pero rehúsese a disculparse por el mal comportamiento ajeno.

La mejor manera de hacerlo es diseccionar el argumento y decir algo como: «Me disculpo por enojarme y levantar la voz, pero me molestas con tus acciones. Me hiciste sentir mal, y deberías disculparte por ello». Con suerte, esto conducirá a una discusión franca y limpiará el ambiente.

4) Debilidad conveniente: ¿constantemente debe tomar las riendas de la relación? ¿Su pareja se siente convenientemente débil o tiene dolor de cabeza cuando le pide ayuda con las tareas domésticas? ¿Sufre de ansiedad cuando quiere que le acompañe a alguna ocasión especial? Sin embargo, cuando llega el momento de ir a eventos divertidos, parece que encuentran la energía para salir y pasarlo bien. A menos que tengan problemas de salud subyacentes, le manipulan haciéndole sentir lástima por ellos.

¿Realmente quiere tener una relación con alguien a quien compadece? Si se queda en una relación porque se preocupa por lo que le pasará a su pareja si se va, no es una situación saludable. Póngase en primer lugar y haga planes para irse. Si puede organizar un sistema de apoyo para su pareja cuando se vaya, le ayudará. Lo más probable es que estará bien, pero usted se sentirá mejor.

5) Nada es gratis: si se siente obligado hacia su pareja cuando hace algo por usted, entonces le están manipulando. En una relación sana, debe ser capaz de dar y recibir regalos y favores sin sentir que hay ataduras. Es normal que hagan cosas interesantes el uno para el otro, pero no debe haber ninguna obligación de corresponder.

6) Usar su amor como una herramienta para conseguir lo que quieren: ¿ha escuchado la frase «Si me amaras...» a menudo? ¿Su pareja empieza peticiones con esta frase? ¿Utiliza la culpa y la emoción para controlar sus respuestas? Si usted le dice que no, ¿empezarán de nuevo las frases de manipulación emocional para forzarle y avergonzarle para que cumpla? Si escucha «Lo harías si me quisieras» cuando dice «no» a algo, entonces tiene que ponerle fin.

Intente un método de comunicación diferente. Puede que sienta que es normal involucrar los sentimientos en una conversación, pero no es saludable hacerle sentir culpa a la pareja. Dígale que se contenga y que exprese sus peticiones de manera diferente. Dígale que usted seguirá tomando en serio su petición, incluso sin manipulación emocional.

Podría decir algo como: «Aunque no lleve el coche al taller, no significa que te quiera menos» o «Puedo seguir queriéndote con todo mi ser sin hacer todo lo que me pidas». Pida una forma de comunicación más directa y dígale que deje utilizar la relación para conseguir las peticiones más mundanas.

7) Chantaje emocional: este tipo de manipulación es fea. Juega con sus sentimientos más profundos y le convierte en un rehén. Cuando alguien usa amenazas y declaraciones dramáticas para evitar que se vaya, juega con sus emociones más profundas. Cuando su compañero le dice que morirá si se va o que se suicidará si se va, le está chantajeando.

Le hace sentir responsable de la vida de otra persona, y eso no está bien. En una relación sana, puede que sienta una responsabilidad parcial por la felicidad y el bienestar de su pareja, y eso está bien. Sin embargo, nunca debe sentirse el único responsable de su vida.

En este tipo de situaciones, las amenazas son solo eso. Amenazas vacías diseñadas para atarlo a esa persona por el tiempo que quiera que permanezca. Le quitan cualquier tipo de elección y le mantienen como un rehén emocional. Usted puede lidiar con esto usando terapia de pareja y asesoramiento para averiguar por qué sucede. O podría simplemente irse. No hay razón para ser cruel, y cuando su pareja amenace con hacerse daño, puede prometerle que le conseguirá ayuda médica, pero tome distancia de este tipo de acciones. Dígale que no puede lidiar con las amenazas de hacerse daño a sí mismo y váyase. Puede parecer duro, pero tiene que dejar de sentirse culpable o responsable.

8) Usar la bondad como arma: antes de descartar este tipo de manipulación, intente pensar por qué su pareja es amable con usted. ¿Usa regalos y cumplidos para llevarle a hacer algo que no quiere? Todos sabemos que el comienzo de una relación puede ser mágico. Ambos están en el período de luna de miel, y los regalos serán una parte normal de su noviazgo. Sin embargo, si los regalos y cumplidos son exagerados, considere si son usados como una forma de soborno.

Además, considere si los cumplidos tienen motivos ocultos. Por ejemplo, si su pareja le dice constantemente que se está desperdiciando en su trabajo actual, y debe solicitar un ascenso o buscar un puesto mejor pagado, puede haber dos razones para ello. La primera razón podría ser que genuinamente piense que usted es capaz de mucho más y le apoya en su carrera. Sin embargo, podrían estar tratando de manipularle. Si es perfectamente feliz en su trabajo actual, pero su pareja le está presionando para que lo cambie, podría ser que esté tratando de manipularle para que consiga un puesto mejor pagado. ¿Acaso ven su potencial aumento de salario como una forma de hacer su vida más fácil?

9) Equipo forzado: en una relación saludable, ambos tendrán sus propias opiniones, y también trabajarán bien en equipo. Cuando uno de los miembros de la pareja es manipulador, obligará a formar un equipo forzado. Por ejemplo, si su pareja tiene un desacuerdo con un amigo sobre política, hablará a nombre de los dos como una unidad. «Creemos que los demócratas son...» por ejemplo. Ahora, esto está bien si tienen las mismas ideas políticas, pero si usted tiene un punto de vista diferente, entonces le han robado su opinión. Cuando su compañero usa esta táctica, puede convertirse en rutina y significa que usted perderá su voz e individualidad.

Si escucha constantemente la palabra «nosotros» o frases como «somos un equipo» o «lo hemos logrado», y le hacen sentir incómodo, entonces haga algo al respecto. Hable y dígale firmemente que tiene sus propias opiniones y puntos de vista. Si el comportamiento continúa, entonces necesita cortar la relación y reclamar su independencia.

10) El castigo de silencio: a veces uno puede enfadarse tanto con alguien que no encuentra las palabras para decírselo, así que no dice nada. Y eso está bien, está esperando el momento oportuno para que la ira se calme. Pero si su pareja usa este tipo de castigo regularmente, le está manipulando.

Señales clave para identificar el uso perjudicial del silencio

- Cuando su pareja se niega a hablar con usted, pero habla felizmente con otras personas en la misma habitación. Esto indica un lado sádico de su carácter, ya que le aísla y le hace sentir menos digno a usted.

- Si su pareja se niega a reconocerle, aunque alguien se refiera a usted. Por ejemplo, está en una fiesta, y alguien le pregunta a su pareja si usted quiere tomar algo. Entonces se niegan a responder y actúan como si usted no existiera. Esto es humillante y está diseñado para hacerle sentir avergonzado.

11) Usar el humor para avergonzarle: todos tenemos nuestros problemas, y su pareja sabrá exactamente qué es lo que le molesta a usted. En una relación sana, le animará y ayudará a superar sus inseguridades. Si tiene problemas con su peso o apariencia, le dirá que se ve bien y se asegurará de que usted se sienta bien consigo mismo.

Los manipuladores aprovecharán todas las oportunidades para resaltar sus inseguridades y las utilizarán para hacerle sentir mal. Por lo general, expresarán sus comentarios con humor y bromearán sobre sus defectos. Intentan hacerle sentir inadecuado e inútil para mantener su dominio sobre usted. Si se siente seguro o poderoso, entonces le será más fácil dejarlos.

12) Se niegan a mostrar emociones: cuando se produce un conflicto, una pareja sana tendrá una discusión, aireará sus quejas y llegará a una resolución. Sí, puede haber lágrimas, voces elevadas o ira. Si su pareja se niega a mostrarle sus emociones, está tratando de mantenerlo a usted bajo control. No es normal estar tranquilo, calmado y sereno todo el tiempo. Combine esto con los comentarios que le dirige, sugiriendo que usted es el irracional, una forma de *gaslighting*.

Recuerde que tener emociones es normal. Intente animar a su pareja a expresarse más cuando ocurra un conflicto. Si no puede obtener una respuesta, entonces podría ser el momento de buscar una terapia. Puede haber una razón profunda para la falta de emociones de su pareja.

Cualquiera que sea la forma de manipulación que esté experimentando, es probable que sea consciente del abuso en algún nivel. Si hay algún indicio o una campana de advertencia sonando en su cabeza, lo menos que puede hacer es hablar al respecto. No tiene que ser con su pareja; puede intentar hablar con un amigo de confianza o un miembro de la familia. Alguien más puede tener una perspectiva diferente de lo que está sucediendo y podría ayudarle a enfrentar la realidad.

Lo peor que puede hacer es ignorar lo que está pasando y esperar que todo mejore. Las malas situaciones solo empeorarán, y saldrá herido.

Capítulo 5: Guerra psicológica en el trabajo

Considere cómo se divide su día normal. La mayoría de la gente pasa un tercio de su vida en el lugar de trabajo, especialmente en los días de semana, por lo que nos gustaría pensar que es un lugar donde podemos sentirnos cómodos. Sin embargo, debido a que algunas personas son competitivas y, en algunos casos, rencorosas, puede ser un lugar incómodo y estresante para estar.

Si hay personas que muestran rasgos de personalidad asociados con la Tríada Oscura en su lugar de trabajo, puede ser perjudicial para su salud, así como para su trabajo. Usarán tácticas poco éticas para tener éxito y pueden ser responsables de fraude financiero y explotación en su lugar de trabajo.

La conciencia es el factor clave combinado con la vigilancia en el lugar de trabajo. Identificar a los compañeros con rasgos de personalidad oscuros no es un indicio claro de práctica fraudulenta, pero ayuda a poner las cosas en perspectiva. Algunos de los líderes y profesionales más exitosos mostrarán algunos de los rasgos indicados por la Tríada Oscura. Por ejemplo, centrarse en los logros, la confianza en uno mismo y el escepticismo profesional son todos rasgos de personalidad que pueden conducir al éxito en la carrera. La clave es mantener los aspectos negativos bajo control y evitar comportamientos cuestionables.

Cómo detectar los rasgos de personalidad oscura

Considere los siguientes elementos y si aplican a las personas con las que trabaja:

Señales de Narcisismo

- Presumir de sus habilidades de liderazgo.

- Compararse rutinariamente con los líderes establecidos.

- Pedir favores a los demás constantemente.

- Ser siempre el centro de atención.

- Solo hacer trabajos que tienen recompensas y compensaciones.

- Creerse más que los otros cuando están en compañía de personas importantes.

Señales de maquiavelismo

- Se les conoce por ser sigilosos y utilizar cualquier método para lograr resultados.

- Usar la adulación de manera inapropiada.

- Falta de empatía con los compañeros de trabajo.

- Se les sorprende regularmente mintiendo sobre cosas irrelevantes.

- No se puede confiar en que guarden secretos. Usarán la información para menospreciar a la gente.

- Manipular a otras personas para ascender.

Señales de Psicopatía

- Tomar parte del comportamiento inapropiado siempre que sea posible.

- No tener remordimientos ni moralidad.

- Tomar riesgos sin considerar cómo sus acciones afectan a los demás.

- Tener un estilo de vida turbulento que parece estar fuera de control.

- Tener una vena cruel.

- Falta de sensibilidad.

Todos podemos reconocer al menos uno de estos rasgos en nosotros mismos, y no es motivo de pánico. Algunas de las personas más exitosas en el presente y en la historia tienen varios de estos rasgos. Sin embargo, tienen una personalidad equilibrada en general y sabrán evitar que estos se conviertan en dominantes.

Si le preocupa alguien con quien trabaja o ha reconocido algún comportamiento de alerta, existen opciones. Trataremos esto más adelante cuando hayamos abordado otras prácticas que podrían resultar problemáticas.

Intimidación en el trabajo

Los estudios han demostrado que hasta el 25% de las personas serán testigos de alguna forma de acoso en el lugar de trabajo durante su vida laboral. Podemos pensar que es posible identificar a las personas con rasgos de personalidad oscuros, pero los matones pueden tener un conjunto diferente de comportamientos. Algunas personas creen que la intimidación en el lugar de trabajo sucede en su cara y está definido por acciones individuales. La verdad, normalmente es una forma insidiosa de controlar las emociones y el comportamiento psicológico y físico de otras personas.

Los matones y manipuladores hábiles pueden leer a las personas y explotar sus debilidades. Entienden cómo calar hondo en la gente y usar técnicas intimidantes para que se comporten de manera conveniente para el perpetrador.

Desafortunadamente, la intimidación a menudo pasa desapercibida en el lugar de trabajo y a veces puede ser aceptada como una forma «normal» de hacer las cosas. El lento proceso de derribar las barreras emocionales y psicológicas de un individuo a menudo se descarta porque es difícil de detectar y aún más difícil de probar.

Afortunadamente, está emergiendo como un tema necesario de tratar. Ya no se les dice a las personas que son intimidadas, que «se hagan hombres» o que «crezcan un par» cuando sacan a la luz sus quejas. Las empresas se dan cuenta de que este tipo de práctica crece y debe detenerse en la medida de lo posible.

Los matones ejercen principalmente métodos de coerción para causar ansiedad a sus víctimas. Esto lleva a sentimientos de insuficiencia, y es más probable que se cedan ante las manipulaciones.

Señales clásicas de intimidación en el lugar de trabajo

Algunos matones usarán tácticas obvias para intimidar a otras personas y usarán las siguientes técnicas:

- **Coerción:** los ataques verbales pueden usarse para que alguien haga lo que no quiere hacer. Con un tono fuerte o gritos, la víctima sentirá que no tiene otra opción que cumplir.

- **Humillación:** usar insultos y actos vergonzosos para menospreciar públicamente a un empleado o compañero de trabajo.

- **Agresión:** que alguien se levante justo en la cara de otra persona puede ser una táctica aterradora para usar en el trabajo. Puede dificultar la represalia para la persona intimidada, ya que puede ser aterrador para el receptor y puede causar ansiedad y estrés excesivos.

- Invasión del espacio personal: si un compañero de trabajo es demasiado confianzudo o intrusivo, puede conducir rápidamente a sentimientos incómodos. El intimidador invadirá constantemente su espacio personal, y se sentirá con derecho a manipular sus pertenencias. Este tipo de intimidación está diseñado para hacer que la víctima sienta que no tiene un lugar donde refugiarse.

- Comentarios ofensivos: todos hemos conocido a algunas personas que no respetan los límites. Es un hecho, pero este tipo de comportamiento en el lugar de trabajo puede ser más que ofensivo. Cuando alguien usa blasfemias, chistes obscenos, o saca a relucir rumores infundados en público, vuelven el lugar de trabajo un ambiente inseguro. Las personas tienen derecho a entrar en su lugar de trabajo sin ser sometidas a malas palabras o a un comportamiento inadecuado.

- Campaña negativa: cuando un matón decide que quiere que alguien abandone su puesto de trabajo, puede utilizar una campaña abierta y solapada para persuadirle de que se vaya. Esto puede ser tan sutil como un comentario bien situado a los compañeros sobre que su víctima no encaja o no es apta para el puesto.

O puede usar algo tan insidioso como una campaña de correo electrónico, o la red para que el resto de la fuerza laboral esté de acuerdo. Los correos electrónicos filtrados y los mensajes de las redes sociales pueden utilizarse para intimidar un empleado para que entregue su puesto. La peor parte de estas campañas puede ser el efecto en las interacciones sociales dentro de la empresa. La gente es menos propensa a unirse a una cadena positiva en línea que a unirse a una campaña negativa. Desafortunadamente, es parte de la naturaleza humana comentar lo negativo antes que lo positivo.

- Trabajo insuficiente y exceso de trabajo: este tipo de intimidación es bastante común. Implica sobrecargar a alguien con trabajo un día y luego privarlo de tareas al otro. Esto lleva a un estado de confusión mental pues el empleado no está seguro de si se siente sobrecargado o infrautilizado. Esto afectará su trabajo y le llevará a cometer errores porque no está seguro de su posición.

- Llevar un registro de los errores: todos cometemos errores, y todos, con suerte, nos beneficiamos de ellos. Los errores son parte del proceso de trabajo, pero si alguien toma notas sobre el valor de otra persona, le intimida. Todos somos capaces de llevar diarios o registrar nuestros defectos, pero al hacerlo sobre otra persona, se sugiere que no puede reconocer sus propios defectos. Esto lleva a sentimientos de duda, y la persona comienza a cuestionar su propio valor.

Estos comportamientos sutiles pueden sucederle a usted o a alguien con quien trabaja. Quizás reconozca a alguien que usa estas tácticas. Cualquiera que sea la situación, necesita ser consciente de las acciones y los efectos que tienen sobre los demás.

- Engaño: mentiras simples y llanas. ¿Conoce a alguien a quien atrapen mintiendo constantemente? ¿O tal vez alguien a quien le mienten constantemente sin que se de cuenta?

- Evasión: es evitar temas o situaciones complicadas en el momento de la confrontación. Cambiar de tema en las discusiones o cancelar las reuniones y evitar a cierto personal.

- Crear conflicto: ¿hay alguien en su trabajo que disfruta haciendo que las personas se enfrenten entre sí? Aquellos que agitan las discusiones y luego se alejan. Este tipo de comportamiento es furtivo y destructivo. Cuando el conflicto se examine después, se habrán asegurado de que su nombre no aparezca asociado con este.

- Crítica: todos reconocemos que la crítica constructiva es útil, pero la crítica injustificada tiene como objetivo bajar la moral. ¿Conoce a alguien que constantemente está menospreciando a la gente sin razón? ¿Que hace comentarios inapropiados sobre la apariencia o temas personales? Esto es intimidación y no puede tolerarse.

- **Quedarse el crédito del trabajo de otras personas:** algunos matones se aprovechan de compañeros que no tienen tanta experiencia como ellos para robarles sus ideas. Parecerán encantadores al hablar de los proyectos y preguntarán a otra persona qué piensa. Luego usarán sus ideas para sacar provecho y reclamar el crédito.

- **Información errónea:** es una forma común de desgastar a alguien. Por ejemplo, si se ha anunciado una reunión importante, el matón le dirá «por equivocación» a un compañero los detalles incorrectos. Incluso puede omitir información que se supone que debe ser transmitida para hacer que otras personas parezcan incompetentes.

- **Aislamiento y exclusión:** es una forma devastadora de hacer que alguien se sienta incómodo en el lugar de trabajo. Todos queremos sentirnos parte de un equipo, y estar físicamente o socialmente excluidos hace que la gente dude de su autoestima. Una táctica común sería dirigirse a los miembros de un grupo de forma individual, y excluir a la víctima prevista.

- **Minimización:** esta práctica implica menospreciar los sentimientos de alguien. Por ejemplo, si la víctima del acoso plantea un punto sobre algo, el acosador lo menospreciará. Al desechar persistentemente los pensamientos e ideas de alguien, el matón hace que su víctima se sienta en un segundo plano y se convierta en una sombra.

- **Adulación:** algunos matones seducirán a sus víctimas halagándolas y utilizando cumplidos excesivos para ganarse su confianza. Ofrecen un falso sentido de compañerismo y consiguen una posición de poder. Si cree que usted le gusta a alguien que le admira de verdad, es más probable ceda a realizar su voluntad.

- Reacomodación de elementos a voluntad: algunos matones en el poder distribuyen títulos y promociones a voluntad. Cambian diferentes aspectos del trabajo sin causa alguna y también responsabilidades. Esto conduce a una sensación de incertidumbre. Así la víctima se vuelve más vulnerable a la manipulación.

- Hacen cumplidos de doble sentido: es una forma muy astuta de aprovecharse de una víctima potencial. El perpetrador le dará una tarea a su víctima. Si no completa la tarea, entonces la regañará y la hará sentir avergonzada. Pero si completa la tarea, reaccionará de la siguiente manera: «¡Vaya, nunca pensé que pudieras lograrlo, bien hecho!» o «¿Quién hubiera pensado que eras capaz de hacerlo a tu edad? Gran trabajo». Parecen benevolentes cuando, de hecho, lanzan comentarios afilados que harán a la víctima sentirse seriamente confundida. El matón ha reforzado su posición de ventaja, mientras parece que hace un cumplido.

- Se niegan a dar validez a otras personas: el lugar de trabajo debe ser un ambiente creativo donde las ideas fluyan libremente y reciban la atención que merecen. Los matones descartarán las ideas de los demás con un comentario cortante o de manera condescendiente. Crearán la impresión de benevolencia, pero tratarán a las personas como niños incapaces de añadir valor al trabajo.

Qué hacer cuando reconoce que la intimidación ocurre en su trabajo

Es importante darse cuenta de que las actitudes en el lugar de trabajo están cambiando. Ya no se tolera la intimidación, y hay más demandas judiciales respecto a esta que nunca. Teniendo esto en consideración, la mayoría de las organizaciones se dan cuenta de que una buena cultura en el lugar de trabajo es una solución a las costosas y largas batallas legales.

A continuación presentamos algunos consejos útiles para ayudar a prevenir la intimidación en el lugar de trabajo

1) Crear una política clara: no debe haber zonas grises respecto a quién es responsable de tratar la intimidación. Los recursos humanos deben tener medios para ocuparse de la conducta de intimidación, y las consecuencias deben ser claras.

2) Capacitar al personal superior para que reconozca las situaciones potenciales: el mejor lugar para hacer frente a la intimidación es a nivel de la base. Una vez que una situación se ha intensificado, puede ser una bola de nieve cada vez más grave. Tener personas intuitivas y especializadas ayudará a que las alarmas suenan antes.

3) Promover una política de puertas abiertas: todos los empleados deben saber que tienen derecho a expresar sus opiniones sin temor a represalias.

4) Hablar con los empleados: tener conversaciones saludables sobre la intimidación y los daños que puede causar es clave. Si no se siente cualificado, considere la posibilidad de contratar a un profesional para dirigirse al personal e informarlos.

5) Identifique los comportamientos inaceptables: los empleados deben saber que no se tolerarán temas anticuados como el racismo, el sexismo o cualquier forma de discurso discriminatorio. Algunas personas sienten que si estos temas se usan con humor, son aceptables. Asegúrese de hacerles saber que los tiempos han cambiado, y también la cultura del trabajo.

6) Proporcione una retroalimentación respetuosa: ningún tema debe quedar sin resolver por muy insignificante que parezca. Cada empleado debe tener voz.

7) Documentar las quejas: debe haber documentación escrita de cada queja. Esto asegura que cualquier comportamiento recurrente pueda reconocerse inmediatamente.

Capítulo 6: Propaganda I: Propaganda política

La historia nos ha dado algunos ejemplos sorprendentes de propaganda, y dos de las formas más llamativas se originan en la Unión Soviética y la Alemania Nazi. Las dos naciones usaron métodos efectivos de propaganda para influenciar a sus ciudadanos y hacerles creer que su lado de la historia era el correcto.

Bombardearon a la población con diversas formas de propaganda diseñadas para persuadirles de seguir alineados con el partido.

Estas son algunas de las formas en que la Unión Soviética difundió la propaganda

1) **Escuelas y organizaciones juveniles:** Stalin y su equipo de asesores reconocieron que la mejor manera de dar forma al futuro era educar a la juventud del presente. Formaron un programa llamado «Jóvenes Pioneros» para niños de entre diez y quince años, que enseñaba a sus miembros a oponerse a los enemigos del socialismo. Los niños de Rusia estaban rodeados de monumentos a los líderes soviéticos y se les animaba a aprender canciones y

promesas que glorificaban el movimiento de Stalin. Las escalofriantes imágenes de escolares vistiendo uniformes negros mientras marchaban con pancartas eran frecuentes en la época de Stalin.

2) Medios de comunicación: la gente pobre de Rusia no tenía forma de acceder a ninguna forma de entretenimiento, así que la maquinaria de propaganda rusa usó este hecho para «educarlos» y mantenerlos informados. Instalaron radios en las zonas comunales para que la gente pobre escuchara las noticias. Usaron las paredes de las estaciones de metro para proyectar películas de propaganda para aquellos que no podían pagar la entrada a los cines.

3) Trenes de propaganda: Stalin pronto se dio cuenta de que usar el sistema ferroviario era una forma efectiva de llegar a su gente. Autorizó el uso de trenes de propaganda llenos de prensa, equipos de proyección, radios y oradores públicos para predicar a las masas.

4) Carteles: el uso de carteles de propaganda ha sido común en las diferentes épocas de la historia de Rusia. Regularmente representaban al «hombre nuevo», que creía que el trabajo duro y la disciplina severa eran los mejores métodos para superar los instintos más básicos de la humanidad. Las imágenes mostraban al «hombre común» como un héroe y creaban una división dentro del sistema de clases.

Los hombres y mujeres comunes fueron animados a ver a la burguesía como un enemigo. Promovieron sentimientos antirreligiosos y antiestadounidenses, mientras vilipendiaban la idea de la «noble pobreza».

5) La palabra impresa: a los rusos solo se les permitía leer los periódicos favorables a la causa comunista. Cualquier historia de crímenes contra la humanidad ocurrida en suelo ruso permanecía sin reportarse. Las bibliotecas rusas fueron purgadas de escritores «desviados», y se introdujo la censura previa a la publicación.

Estos métodos estaban diseñados para animar al pueblo ruso a unirse entre sí y oponerse a cualquier forma de rebelión. La gente escuchaba y veía la propaganda junta y formaban grupos de ideas afines. Los castigos para los inconformes eran rápidos y severos. Era imposible ignorar el ruido de la propaganda, ya que estaba literalmente en todas partes.

La propaganda en la Alemania nazi

El surgimiento de la Alemania nazi llevó la propaganda política a un nuevo nivel. Hitler era un maestro de la propaganda, y nombró a Joseph Goebbels como jefe de su campaña para convencer a la nación de ver con buenos ojos al Partido Nazi. También se le encargó que se asegurara de que el pueblo alemán no tuviera acceso a información contraria al movimiento nazi.

Goebbels colaboró con Albert Speer, un arquitecto y urbanista alemán, para trabajar con las SS y la Gestapo, para lanzar una campaña de «iluminación» nacional. Su primera tarea fue crear la Cámara de Cultura del Reich en 1933. Este cuerpo se ocupó de todas las fuentes de información de los medios de comunicación como los periódicos, el cine y la radio. Para acceder a un puesto en la Cámara de Cultura del Reich, había que ser miembro del partido nazi.

Cualquier desobediencia dentro de la organización se controlaba con severos castigos. La censura era abundante, y los nazis controlaban todo lo que la gente leía, oía, veía y experimentaba. Entendieron que esta era la manera óptima de asegurar que Hitler se convirtiera en el líder supremo del pueblo alemán.

Cuando esto sucedió en enero de 1933, el partido nazi ya estaba en una posición fuerte. Se sentían lo suficientemente poderosos para organizar los infames episodios de quema de libros que ocurrieron solo cuatro meses después del ascenso de Hitler al poder. Cualquier libro que no se ajustara al ideal nazi era retirado de las bibliotecas por los leales partidarios nazis. Luego fueron incinerados públicamente en enormes pilas, aclamadas por los seguidores nazis. Estas demostraciones públicas de poder alimentaron la creencia de que los nazis controlaban las mentes de la gente.

La producción de poderosas películas de propaganda fomentaba esta demostración de poder. Las películas se hicieron para resaltar varios temas y llamar la atención de la nación:

- La grandeza de Hitler y su visión del futuro.

- El pueblo judío: los nazis utilizaron bellos y artísticos carteles para promover el odio y el miedo al pueblo judío y a otros grupos de personas no conformistas. Usaron la belleza y el arte para enmascarar la fealdad y el odio del mensaje que contenían.

- El camino hacia el futuro: promovieron la idea de una «raza superior» que comenzó con «niños perfectos». Cualquier imperfección era un insulto a la visión nazi de la perfección.

- El maltrato a los alemanes en Europa: al acercarse la Segunda Guerra Mundial, los nazis vieron la necesidad de demonizar al resto de Europa. Lo hicieron resaltando lo mal que se trataba a los alemanes inmigrantes en Europa del Este.

La realización de tales películas no se limitaba a documentales serios o películas basadas en noticias. Mientras que películas como *Triunfo de la Voluntad* (1935) trataban temas serios, Goebbels también reconocía el poder de la propaganda del entretenimiento. Encargó comedias y películas de entretenimiento livianas para dar a Alemania un aspecto más humano y liviano.

Goebbels también reconoció el poder de la saturación. Ordenó la producción de radios baratas para que cada ciudadano alemán pudiera tener una radio. También ordenó que se instalaran altavoces en lugares públicos, para que todos pudieran escuchar la palabra de Hitler.

Antes de 1933 el partido nazi era el más grande de Alemania, pero no tenía un apoyo total. Goebbels cambió ese hecho y se aseguró de que Hitler ocupara su lugar en la historia con una campaña implacable para ganarse los corazones y las mentes de la mayoría del pueblo alemán. Entendió la premisa de una propaganda exitosa, y se cita a Goebbels diciendo que una vez que alguien sucumbe ante una propaganda exitosa, le es imposible escapar.

Más adelante en su campaña por el dominio del mundo, los nazis reconocieron el uso de otros métodos de propaganda. Utilizaron el simbolismo en toda su extensión. El uso de la esvástica, el saludo y los uniformes aseguraban que la gente en la calle reconociera el poder que tenían. Mientras Hitler entendía la importancia de los títulos grandiosos para sus secuaces, era astuto con su propio título. Se negó a ser llamado Presidente, ya que afirmaba que el título era demasiado «augusto» para él. Esto apelaba a la persona común, y Hitler ganó la aprobación popular con este movimiento.

La Alemania nazi fue un ejemplo de lavado de cerebro en masa. Los nazis usaron un aluvión de información, imágenes y eventos para crear un ambiente de odio y reverencia.

Propaganda política en los Estados Unidos

A medida que pasa una elección, comienzan los preparativos para la siguiente. Constantemente se nos dice que demos nuestro voto a un candidato u otro por diferentes razones. Aunque es un hecho del que nadie puede escapar, ¿estamos acostumbrados a creer en la propaganda, o somos capaces de votar basados en la información?

Reconocer las técnicas utilizadas es el primer paso para convertirse en un votante más inteligente. Examinemos algunas de las formas más populares en que los políticos han usado la propaganda para conseguir votos:

Anuncios presidenciales

Tenemos que viajar a 1952 para presenciar una de las primeras campañas publicitarias de un candidato presidencial. «Ike para Presidente» fue una canción usada para promocionar a Dwight Eisenhower. En 1960 JFK también usó una canción pegadiza para encabezar su campaña. Estos fueron los primeros ejemplos de un método popular de propaganda llamado la técnica del «Bandwagon».

La técnica del «Bandwagon»

Esta es una técnica que atrae a las masas y hace que la gente se sienta parte de un movimiento. Este tipo de anuncio juega con las inseguridades de las masas y el deseo de pertenecer. Tomemos el ejemplo de un tipo de anuncio diferente. Si ve un anuncio de refresco donde masas de personas están bebiendo el mismo producto, inmediatamente le hace querer ser parte de la comunidad. Las canciones presidenciales eran pegadizas e inclusivas y apelaban a este tipo de votantes.

La técnica del testimonio

También conocida como la técnica de «transferencia». El candidato utiliza varios métodos para potenciar su persona y atraer a un público más amplio. Estos pueden incluir el respaldo de políticos, medios de comunicación, deportistas y celebridades. Se cree que son señales persuasivas para los votantes desinformados que tienen poco interés en las políticas o creencias de los candidatos. Eligen su candidato preferido por asociación.

Aunque estamos acostumbrados a ver a los políticos compartiendo las mismas plataformas que los famosos, un ejemplo reciente fue en 2008 cuando Chuck Norris apoyó a su candidato preferido. El año 2008 también fue el del anuncio en línea de Barack Obama, en el que aparecía una gran cantidad de personajes famosos.

Este tipo de técnica puede tener una respuesta negativa. Por cada respuesta positiva que una asociación con la fama puede generar, existe la posibilidad de una reacción negativa. Esto también se conoce como una técnica de transferencia. Destacar las cualidades de una persona famosa funciona bien con sus seguidores, pero puede generar sentimientos de disgusto en las personas que no están tan enamoradas.

Técnica de simbolismo

Este es un método que ataca el corazón del votante. Recordemos que la propaganda es una batalla por los corazones y las mentes, y el simbolismo apela a los corazones. Cuando un candidato quiere despertar un sentimiento de patriotismo elemental, usará todos los símbolos nacionales para agitar las emociones. Piense en las águilas, el Tío Sam, el pastel de manzana y las banderas. Montones y montones de banderas. Hay algo en las barras y estrellas norteamericanas que atrae al votante.

Nadie sugiere que alguien mire la foto de una bandera junto a un candidato y piense inmediatamente: «Oye, esa bandera me hace pensar que serás un gran presidente», pero le habla al subconsciente. Añada algunas generalidades brillantes, y tendrá una forma efectiva de propaganda política.

Generalidades brillantes

Son declaraciones que utilizan palabras y frases vagas para influir en el público. No tienen un significado real; la mayoría son emocionalmente atractivas y están diseñadas para tener un efecto positivo en la población en general. Literalmente brillan y nos hacen creer en un futuro mejor y un resultado positivo.

Las palabras no solo brillan, sino que resaltan y dan una sensación de esperanza. ¡Todo va a estar bien porque este candidato lo dice! Este tipo de declaraciones han sido llamadas «insultos a la inversa».

El Presidente Obama usó las palabras esperanza, progreso y cambio para obtener el apoyo de Norte América. Todos somos conscientes de la importancia de la frase «Hacer a América grande de nuevo» de 2016 y cómo atrajo a ciertos votantes.

La técnica popular

Es cuando los políticos tratan de apelar al hombre común. Puede que hayan tenido una educación de la Ivy League y nunca hayan sabido lo que es la «privación», pero los políticos saben cómo apelar a la persona común. George Bush y su hijo George W. Bush sabían un par de cosas sobre el uso de la técnica popular.

Sabían que darle un enfoque erudito a sus discursos los alejaría de la mayoría de la población, así que cometieron errores. Estos errores fueron diseñados para parecer espontáneos y cercanos a la persona promedio. Decirle al público que son «un hombre del pueblo» puede ser una herramienta poderosa, sin importar la verdad.

Apilar credenciales

Este tipo de propaganda parece inofensiva, pero puede ser devastadora. El perpetrador resaltará sus logros y triunfos personales sin mencionar ninguno de sus fracasos. Luego procederá a destrozar a su oponente y a arrastrar su nombre por el piso. La política norteamericana es un banco de credenciales, y los anuncios utilizados por los candidatos pueden ser sutiles, o pueden usar imágenes angustiantes para sugerir que el oponente es, en el mejor de los casos, inútil y, en el peor, malvado.

Si las imágenes no son suficientes, podrían recurrir a las tácticas del patio de la escuela. Los insultos son una táctica exitosa para aquellos que no son lo suficientemente sutiles como para usar otros métodos. La propaganda de insultos es utilizada por los gobiernos y los medios de comunicación para describir a los grupos que se oponen a sus creencias, a los que se denominarán «terroristas» o «insurgentes», mientras que a los grupos que apoyan al gobierno se les llamará «luchadores de la libertad» o «activistas».

No es de extrañar que estas tácticas se extiendan a la escena política en tiempos de elecciones. Se ha convertido en el epíteto por defecto tanto de la «Izquierda» como de la «Derecha» de la política. Estas tácticas han sido denominadas «estilo nazi». Algunos candidatos intimidan a sus oponentes lanzando ataques personales, señalando individuos y dándoles etiquetas. Todos recordamos a «Hillary la torcida», a Dick Cheney se le llamó «perro de ataque», a Barack Obama se le llamó incorrectamente «comunista», a John Kerrgy «chancleta», y a Joe Biden se le insultó con el apodo de «Joe el dormilón».

Realmente no importa si hay algo de verdad detrás de la acusación o no. La verdad es que estos golpes ruidosos ponen a vibrar el nuevo mundo de los medios de comunicación. Este se nutre de la incesante profanidad, la charla basura, las mentiras, y la invectiva general creada por este tipo de propaganda.

Capítulo 7: Propaganda II: manipulación en los medios

Considere cómo los medios de comunicación mueven el mundo moderno. Los medios de comunicación definen los programas de noticias que vemos en la televisión, las películas tienen mensajes ocultos, y estamos constantemente sujetos a la publicidad. Nos comunicamos a través de redes sociales, y cada búsqueda que hacemos en línea hace aparecer publicidad relevante.

No usamos a menudo el término «manipulación mediática», pero todos somos conscientes de alguna forma en que nos influencian. En 2002, Sylvain Timsit, un respetado autor francés, acuñó la frase al escribir sobre los poderes políticos y económicos, y cómo utilizan la propaganda y otras estrategias para controlar las mentes del público. Se convirtió en una de las primeras personas en hablar explícitamente sobre la influencia y el control que los medios de comunicación ejercen sobre la sociedad.

Los medios de comunicación son la forma más poderosa de ejercer un control a distancia que existe en este momento. A medida que la gente se relaja y se prepara para el entretenimiento, comienza la manipulación de sus pensamientos y comportamientos. Se les presentan pequeñas dosis de información de hechos que la gente cree fácilmente. Luego, al usar las redes sociales para compartir sus pensamientos les dan aún más credibilidad. Estos «hechos» serán compartidos a través de Internet, teléfonos celulares, redes sociales, y viajarán por el mundo en minutos.

Considere por qué se presenta esa información en primer lugar. ¿Tiene fuentes verificables, basadas en estudios extensos y hechos científicos comprobables, por ejemplo? ¿Aparece porque los medios de comunicación sienten la necesidad de imprimir y promover verdades, pues es lo más conveniente para todos? ¿O la información es una forma de manipulación?

Algunas estrategias que emplean los medios de comunicación

Distracción

En 2014, Rusia trasladó sus fuerzas militares a Crimea. Siguieron una serie de eventos que provocaron alarma en los Estados Unidos y que sugerían un regreso a la era de la Guerra Fría. El referéndum celebrado, la siguiente anexión y la imposición de sanciones podían causar pánico en los Estados Unidos, que ciertos organismos estaban ansiosos por evitar. Esta historia fue superada gracias a la desaparición del vuelo 370 de Malaysian Airlines y el alud de lodo en el Estado de Washington. Son tácticas clásicas de distracción utilizadas para mantener a la nación enfocada en otros asuntos. La naturaleza dio a los medios de comunicación ciertos elementos para la noticias. El número de muertes, potenciales milagros, y familiares en duelo llenaron horas de cobertura de noticias.

Exposición gradual

Es un método que manipula al público para que acepte acciones o eventos injustos socialmente, acondicionándolo a las noticias gradualmente. Por ejemplo, si el gobierno fuera a cerrar ciertas instituciones que produjeran despidos, comenzaría una campaña gradual contra las instituciones. Esto consistiría en historias negativas en los medios de comunicación sobre mala gestión, pérdidas, caídas en las ventas y malas cifras del mercado de valores. Así preparan al público para aceptar las grandes noticias sin protestas.

Guiones y omisiones

La mayoría de la gente piensa que la revista *Time* es una publicación impactante y veraz en la que se puede confiar para dar a conocer a la gente hechos concretos. Está muy bien posicionada como una de las publicaciones más relevantes en los Estados Unidos y tiene un gran número de lectores. Los hechos pueden ser una versión de la verdad, pero en realidad, algunos pueden percibir que la revista *Time* adapta sus portadas para el consumo de los Estados Unidos.

Es normal que las revistas impresas tengan diferentes portadas para atraer al público objetivo en diferentes partes del mundo.

La revista *Time* tiene una portada para los Estados Unidos, una portada para atraer a Europa y África, y otras dos portadas dirigidas a Asia y el Pacífico Sur. Durante los años de Obama, *Time* optó por publicar una portada en la que se ve a Vladimir Putin y sus ideas sobre el débil estado de los Estados Unidos y la fuerza de la unión rusa. Rusia y los Estados Unidos han tenido una rivalidad durante años, por lo que no es sorprendente que llamara a los Estados Unidos «débiles» y a Rusia «fuertes». El encabezado era sobre el tema de Siria en Washington y la defensa de Damasco.

De hecho, el titular fue la única parte de la portada de la versión estadounidense. Mientras que las otras tres portadas mostraban al líder ruso, la portada de Estados Unidos hacía la pregunta: «¿Es hora de pagar a los atletas universitarios?» y el titular se convirtió en: «Lo que quiere Putin» y «Siria: Dentro de la guerra de DC».

Tratar al público como niños

La información desequilibrada que busca irritar los instintos básicos de miedo, o silenciar los problemas graves, es una señal segura de que algunas organizaciones de medios de comunicación están decididas a mantenernos bajo un velo de ignorancia. Si los propietarios de los medios de comunicación sesgados nos permitieran ver los fríos y duros hechos, correrían el riesgo de alimentar una generación de individuos de libre pensamiento capaces de pensar críticamente. Necesitan que seamos sumisos, abiertos a la manipulación, e incapaces de tomar decisiones críticas que desafíen su poder y riqueza.

La realidad fabricada de la TV

Los *reality shows* de la televisión son muy entretenidos y baratos de producir, por lo cual hay muchos al aire. Atraen al espectador con la promesa de un drama de la vida real, lágrimas, peleas, más lágrimas, y triunfos. Les encanta tomar a una persona normal y volverla una mejor versión de sí mismos. Esto atrae a la psique del espectador diciéndole que ellos también pueden convertirse mejores personas.

La verdad es que estos llamados *reality shows* son a menudo guiones, o son presentaciones teatrales cuidadosamente producidas. Se basan en la credulidad de los espectadores y su capacidad de suspender juicios para obtener mayores índices de audiencia.

Veamos algunos de los trucos comunes que los *reality shows* usan para manipular nuestra credulidad:

- *Frankenbiting*: es un término de la industria para editar clips y crear oraciones completas desde cero. Los productores usan diferentes clips de conversaciones para crear el contenido que quieran.

- Los jueces no tienen poder real: en los *shows* competitivos, normalmente habrá una cláusula que le quita todo el poder a los jueces. Como espectadores, creemos que los jueces son responsables de que un concursante particular progrese, pero la verdad es otra. En cualquier momento, los productores pueden intervenir y cambiar la decisión si creen que afectará los índices de audiencia del programa.

- Mentir sobre los tiempos y el presupuesto: si alguna vez ha visto un programa de bricolaje o le encanta *Cambio Extremo,* sabrá que esos increíbles cambios de imagen se pueden hacer en poco tiempo con un presupuesto mínimo. ¿Pero se puede? Si un programa dice que la remodelación de un baño puede hacerse en doce horas por un par de cientos de dólares, lo más probable es que sea mentira. Tendrán un equipo profesional trabajando en el proyecto durante unos diez días antes de que el presentador empiece a filmar. Y el presupuesto a menudo es completamente falso.

- La gente con defectos mejora la televisión: los *reality shows* saben del poder de retratar gente con defectos y explotar sus debilidades. Permite al público sentirse superior y agradecido por sus vidas y su estilo de vida. Los productores profundizarán en el pasado de los participantes para descubrir qué botones apretar. Usarán descaradamente las experiencias personales de los concursantes para provocar reacciones. Desafortunadamente, debido a que estas personas quieren tanto estar en la TV, firman contratos que permiten tal comportamiento intrusivo.

Manipulación de imágenes digitales

Durante los conflictos externos o internos, es importante tener una visión equilibrada de la situación y sopesar uno mismo el valor de las decisiones a tomar, ¿verdad? Los medios de comunicación piensan distinto. Usan nuestras emociones más profundas para influir en el pensamiento. Los periódicos y los medios de comunicación de todo el mundo son a veces culpables de manipular las imágenes para influir en la opinión pública. La ética de la manipulación digital es una zona gris. Debe ser consciente de que a veces la cámara miente.

La propaganda en la publicidad

Ya hemos discutido el papel de la propaganda en la política, ¿qué técnicas emplean los publicistas? O la mayoría de ellos. Piénselo, los políticos tratan de venderle el sueño, la utopía que pueden ofrecer si vota por ellos. Los publicistas hacen lo mismo. Su vida mejorará si compra o se suscribe a su producto, así que usan tácticas similares a las de los políticos.

Aquí hay algunas formas en que se manipula al público con estrategias publicitarias:

Propaganda testimonial

Así como los políticos utilizan a las celebridades, también los publicistas. Si Jennifer Aniston le dice que use un champú, entonces se imaginará inmediatamente que tendrá mechones brillantes como ella.

Otro ejemplo es la campaña de Nike para vender la mejor pelota del mundo. ¿Quién sostiene la pelota en el anuncio? Wayne Rooney, un conocido jugador de fútbol que representa lo mejor y atraerá al cliente.

Esta técnica no solo involucra a las celebridades. Si ve a alguien con una bata blanca promocionando pasta dental, inmediatamente asumirá que es un dentista. Tienen un aire profesional y una sonrisa radiante, ¡por supuesto que puede confiar en él!

Propaganda de la presión grupal o *bandwagon*

Si alguna vez ha influido sobre usted la opinión pública o la presión de los compañeros, entiende la técnica del «bandwagon». No quiere que le dejen fuera, así que seguirá a la mayoría. Los publicistas lo saben y se aprovechan de ello.

Un ejemplo clásico son los arcos dorados de McDonald's. El letrero rojo tiene el nombre de McDonald's y debajo dice: «más de noventa y nueve mil millones complacidos», lo cual sugiere un nivel de excelencia. Después de todo, si noventa y nueve mil millones de personas han probado sus hamburguesas, debe haber algo notable en ellas. Entonces, ¿quién es usted para cuestionarlo?

Insultos

Así como la idea de que los políticos recurran a tácticas del patio de recreo debería ser ridícula, también debería serlo esta táctica publicitaria. Sin embargo, si las compañías se mantienen dentro de las reglas de la publicidad, pueden usar esta táctica sin parecer duros o mezquinos.

Si alguna vez ha estado en una situación de competencia directa con otro individuo, sabrá del poder de la comparación. Puede que sepa que señalar cómo es mejor que su rival es una táctica que funciona. Puede parecer un poco mezquina, pero funciona si se usa, ¿verdad?

Del mismo modo, en la publicidad, es común utilizar a un rival para destacar las diferentes formas en que su producto es mejor.

Una vez más, nos remitimos a McDonald's para dar un ejemplo. Sin embargo, en este ejemplo, ellos son el rival. Burger King mostró una imagen de su hamburguesa *Whopper* encima de una caja de hamburguesas. El eslogan decía, «*Whopper* tonta, esa es una caja de *Big Mac*», transmitiendo el mensaje de que la hamburguesa de Burger King era demasiado grande para caber en la caja de *Big Mac*. ¿Inteligente o malvado? ¡usted decide!

Otro ejemplo. *Select Harvest* creó un producto de fideos que no contenía glutamato monosódico. Podrían haber usado ese hecho para promocionar su producto y ayudar a la gente a comer más sano, pero tomaron otro camino. Enfrentaron su producto contra un competidor que aún tenía el GMS como ingrediente. La frase decía, «¿Cómo te gustan los fideos? ¿Con o sin GMS?» Al hacer la pregunta, le están diciendo que usted, el cliente, es responsable de decidir comer saludablemente o de contaminar su dieta con el dañino aditivo GMS. Un poderoso marketing con un giro moral.

Lista de credenciales

Este tipo de propaganda se ha utilizado durante años y es una de las tácticas más comunes en la publicidad. Destacar las grandes cualidades de un producto y evitar los aspectos negativos hace que los artículos sean más atractivos.

¿Cómo lo hacen? Las declaraciones audaces que gritan la superioridad de un producto son comunes. «Este tipo de chip contiene un 30% menos grasa que los chips normales». Aunque eso puede ser cierto, no lo convierte en una opción saludable. Sin embargo, el anuncio hace que parezca algún tipo de alimento saludable.

Los productos de limpieza que dicen ser 50% más fuertes que el original y tienen cualidades duraderas saldrán volando de los estantes. Analicemos cuál es el mensaje. ¿Fue el producto original tan malo que incluso un aumento del 50% en el rendimiento no significa que será brillante? ¿Quién sabe? Estas afirmaciones simplistas pretenden llamar la atención y distraerle de otros productos. Si compra el producto, ¡el trabajo se hará solo!

La verdad es que la propaganda es una información sesgada y debe ser tratada como tal. Los anunciantes y los medios de comunicación buscan controlar sus pensamientos y emociones para generar el resultado que quieren. Es hora de quitarnos el velo de los ojos e incorporar un mayor grado de verdad a nuestras vidas.

Capítulo 8: Control mental y lavado de cerebro

Cuando pensamos en control mental o lavado de cerebro, puede parecer un concepto de Hollywood. Imágenes de profesores locos con una espiral giratoria hipnótica tratando de hacer que sus pacientes caigan bajo su hechizo. La fijación de cascos con cables eléctricos forzando a la víctima a convertirse en un zombi babeante y demente.

En realidad, las técnicas de control mental son comunes en la sociedad, y estamos sujetos a ellas todos los días. Cuando se utiliza el control mental, el receptor puede no saber que está siendo manipulado, ya que las técnicas son sutiles y sofisticadas. El control mental es a menudo un proceso largo que cambia gradualmente la mente de una persona y la hace más susceptible a cambiar de ideas.

No hay fuerza física involucrada. El control mental es un proceso psicológico implacable que aplica presión social sobre la víctima para obtener el control de sus pensamientos. Todo el mundo es susceptible al control mental, y eso es lo que lo convierte en una de las formas más peligrosas de la guerra psicológica utilizadas hoy en día.

El lavado de cerebro es un proceso más agresivo, ya que la víctima será consciente de que está siendo manipulada. Entenderá que se está aplicando la fuerza para hacerle cambiar sus pensamientos y alinearse con el agresor.

Sin embargo, los primeros usos del término «lavado de cerebro» fueron literales. A principios del siglo XX, hubo informes de uso médico del término «lavado de cerebro» que en realidad significaba lavar el cerebro para curar ciertas enfermedades. En 1934, el *Manhattan Mercury* informó que un médico recomendaba a un paciente «comenzar con el lavado de cerebro. Todo cerebro... necesita lavarse en algún momento».

En 1935 hubo una exposición médica basada en el caso de un joven que había sufrido anteriormente la condición del mal de San Vito. Estaba parcialmente paralizado, era incapaz de hablar y propenso a sufrir ataques. Se le lavó el cerebro dos veces durante cuatro días de tratamiento, y el chico se curó.

Al inicio de los años 50 resurgió el término. El significado había cambiado un poco, pero el término resonó entre la gente que buscaba describir los regímenes totalitarios. El *New York Times* informó de casos de combatientes de la resistencia que usaban la técnica para transformar a los miembros más débiles de la sociedad en creyentes de su causa.

A medida que la década avanzaba, el término se hizo más popular. Se convirtió en una forma popular de describir a los consumidores y a los crédulos que eran engañados por los publicistas para comprar cosas que no necesitaban.

Uno de los primeros registros de esta acepción de la palabra se encuentra en *The Washington Post* de 1955. Describe cómo a los niños norteamericanos se les había «lavado el cerebro» para que veneraran a Davy Crockett, quien aparentemente era un mal modelo a seguir, ya que era básicamente un delincuente juvenil.

El uso del término «lavado de cerebro» se ha vuelto más común y se utiliza para describir la persuasión sutil por medio de la propaganda, así como el adoctrinamiento forzado al que hace referencia.

¿A quién le interesa lavar cerebros?

El control mental se utiliza ampliamente para influir sobre los pensamientos y sugerir ciertas formas de pensar, pero, ¿el lavado de cerebro aún existe hoy en día? La respuesta simple es sí. Ya hemos discutido las tácticas de guerra psicológica que enfrentamos cada día, así que, siendo realistas, estamos constantemente sometidos a técnicas de lavado de cerebro.

Hay una fina línea entre el control mental y el lavado de cerebro en la sociedad moderna. Cualquier cosa que intente modificar los procesos de pensamiento y accionar un interruptor que obligue a obedecer podría clasificarse como lavado de cerebro.

Técnicas de manipulación

Cantos

Hay partes del cerebro enfocadas en el pensamiento analítico. Una forma de detener tal proceso es distraer la mente con una frase repetitiva. La idea es detener cualquier pensamiento que haga dudar del mensaje con el que se le bombardea. En las últimas convenciones políticas, se anima a la audiencia a llenar los espacios entre los oradores con cánticos repetitivos. Esto evita que la audiencia tenga la oportunidad de analizar exactamente lo que el orador acaba de decir.

Plantar semillas

Al buscar noticias o historias en Internet, verá titulares cortos y contundentes que le dicen todo lo que necesita saber. Las personas que financian estas historias se dieron cuenta de que muy pocas personas leen las historias y son más propensos a hojear los titulares. Explotan este hecho plantando palabras clave en los titulares que manipularán sus ideas.

Por ejemplo, si los oponentes de cierto senador desean denigrar al personaje, pueden plantar un titular con una fuente anónima.

Senador White: ¿Infiel a su esposa durante una década?

Es irrelevante que la declaración sea solo una pregunta. La semilla ha sido plantada. Aunque aparezcan los siguientes titulares, seguirá teniendo el mismo resultado.

El Senador White niega el asunto

La esposa del Senador White confirma que los rumores de la aventura son falsos.

Si le preguntan si sabe quién es el senador White, probablemente responderá: «El tipo que tuvo una aventura durante diez años, ¿verdad?»

Repetición de falacia ridícula

Si escucha algo suficientes veces, lo creerá. No importa cuán ridículo sea, si le presentan los «hechos» de cierta manera, estará dispuesto a creerlos. Esto se conoce como la apelar a una falacia ridícula.

Burlarse de una idea la vuelve menos relevante. Si usted asocia una idea, una persona o un comportamiento con el ridículo y la vergüenza, los estimará menos. También, si a una idea ridícula se le da seriedad y se trata con reverencia, parecerá más creíble. La repetición es una herramienta poderosa, y cuando se combina con una técnica para generar vergüenza, puede ser efectiva.

Limitar las opciones al blanco y negro

Al someterse a estrés, el cerebro entra en modo de lucha o huida. Este es un ejemplo clásico de tener solo una opción blanca y otra negra. Cuando enfrentamos solo dos opciones, se abandona felizmente el pensamiento crítico para hacer un movimiento correcto o incorrecto.

¿Cuántas veces ha visto argumentos como estos?

«¿Luchar contra los terroristas o desertar y morir como cobardes?»

«¿Nos emborrachamos todos y vamos a un club, o es un aburrido aguafiestas que no sabe cómo divertirse?»

«¿Se opone a la pena de muerte? Entonces, ¿cree que deberíamos dejar a los asesinos libres para que sigan matando?»

Usar este tipo de «pseudo-argumentos» puede provocar que los humanos dejen de pensar críticamente, obligándolos a «morder el anzuelo» por así decirlo, como perros entrenados. No es sutil, pero apela a la parte primitiva de la mente.

El control mental en la industria farmacéutica

Si vio la película *The Matrix* (1999), recordará una escena en la que Neo debía elegir entre la píldora azul y la roja. La píldora roja significaba regresar al mundo real, mientras que la píldora azul le haría dormir de nuevo. Este es un caso clásico de una metáfora simplista para comunicar un mensaje a una audiencia cinematográfica, pero tiene relevancia en la vida real.

Cuando va a la farmacia, es presa de una forma de control mental sutil, pero extremadamente efectiva. Las compañías farmacéuticas han usado durante décadas los colores para sugerir efectos.

Tomemos el ejemplo de los somníferos o los fármacos que ayudan a dormir mejor. Mire el color de las píldoras y el envase. Azul, azul y más azul. Añada un par de nubes blancas y esponjosas, con un toque celeste, y el paciente ya se sentirá somnoliento.

En un estudio, a los pacientes se les dio el mismo sedante, pero se cambió el color de la píldora. La mitad de los pacientes tomaron una versión color azul, y la otra mitad tomó una versión de color naranja. Los pacientes con las píldoras azules informaron que se durmieron 30 minutos antes y que durmieron 30 minutos más. Esta extensión del efecto placebo sugiere que si se le da al paciente la droga del color correcto, los resultados mejorarán.

Por supuesto, el control mental gubernamental está reglamentado y restringido, y las agencias gubernamentales nunca han usado métodos siniestros para controlar la mente de los ciudadanos. ¿O sí? En 1952, Estados Unidos vivía un período problemático después de la guerra de Corea. Era bien sabido que las relaciones con la Unión Soviética eran tensas, y el conflicto había entrado en un nuevo campo de batalla. La guerra incluía ahora la batalla por la mente.

La CIA nombró director a Allen Dulles en 1953. Él acuñó la frase «guerra cerebral» e insinuó la necesidad de expandir los métodos para enfrentar la amenaza soviética.

En 1953 se aprobó el Programa MK-Ultra. Este programa altamente confidencial ampliaba los límites de los métodos para extraer información de los agentes enemigos y asegurar que no pudieran tomar represalias. Usaban materiales biológicos en los sujetos, y algunas soluciones químicas. Aprobaron el uso de formas de abuso sexual y tortura para obtener resultados. Los métodos de control mental como el aislamiento, la hipnosis extrema y los métodos de privación se consideraron adecuados y eficaces.

El objetivo principal del programa era desarrollar un suero de la verdad que funcionara eficazmente junto con otros métodos ya probados y confiables de extracción de información. Quienes guiaban el programa intentaron utilizar la hipnosis combinada con los efectos de drogas alucinógenas como LSD para ayudar a los sujetos a recordar incluso los detalles más intrincados de objetos físicos o información compleja.

El uso del LSD fue perfecto para los resultados que necesitaban. Sus efectos químicos producían estados mentales que descomponían el carácter del sujeto y lo volvían incapaz de manejar el estrés y la ansiedad. Esto le permitió al operativo investigar más profundamente sin ninguna resistencia y obtener la información que necesitaban.

Se ha informado que tras la aprobación del programa MK-Ultra se realizaron más de 150 experimentos en humanos con drogas psicodélicas, paralizantes y terapia de electrochoque.

Los objetivos del programa ilícito eran claros. Tenían la intención de crear sustancias que:

- Aumentaran la actividad mental del sujeto.

- Rompieran cualquier barrera que les impidiera revelar información.

- Crearan un estado de amnesia temporal o permanente.

- Aumentaran la sensación de shock y confusión durante los interrogatorios.

- Produjeran una parálisis temporal similar a un shock.

- Usaban técnicas de aislamiento para hacer que el sujeto dependiera de su captor.

- Bajaran la autoestima para generar sentimientos de inutilidad.

- Distorsionaran los sentidos del sujeto.

- Los incapacitaran para la actividad física.

El otro beneficio que esperaban obtener del programa era hacer a los agentes norteamericanos menos susceptibles a tácticas similares si el enemigo los capturaba.

A medida que el programa avanzaba, estudios de algunas de las principales universidades de Norte América realizaron pruebas con LSD y lo consideraron demasiado impredecible para usarlo en el programa. MK-Ultra entonces implementó el uso de éxtasis o MDMA, heroína y otras drogas de clase A.

Operación Clímax de Medianoche

El proyecto comenzó en 1954 e implicaba una red de casas de tolerancia dispersas por todo el país dirigidas por la CIA. Utilizaba prostitutas para atraer a los clientes a las casas y darles una dosis de una serie de drogas psicodélicas, incluyendo LSD. Se informa que la CIA asignó un increíble 6% de su presupuesto total para financiar el programa.

El programa fue concebido para usar a los ciudadanos comunes y estudiar los efectos de estas drogas, ya que el reclutamiento de voluntarios se agotaba. Este programa altamente ilegal involucraba a las prostitutas que daban a sus clientes alcohol aderezado con drogas y luego tenían relaciones sexuales. Después del coito, el personal de la CIA observaba el comportamiento de los hombres y usaba un espejo de doble fondo para grabarlos y estudiarlos en el futuro. Las grabaciones de los hombres teniendo sexo con prostitutas aseguraban que guardaran silencio. La vergüenza de ser delatados evitó que se quejaran del tratamiento a manos de los agentes.

A veces las sesiones daban un giro siniestro. Los experimentos realizados en los sujetos a menudo implicaban métodos de tortura. El doctor Sidney Gottlieb dirigía el programa, y se dice que le gustaba mucho usar cámaras de privación sensorial y registrar los resultados. Luego torturaba más al sujeto reproduciendo las partes más perturbadoras de la grabación en un bucle.

Algunos sujetos eran voluntarios, y fueron destinados a pruebas aún más horribles que los sujetos desprevenidos. A algunos voluntarios se les dio drogas que alteraban la mente durante diez semanas o más, sin descanso.

El programa MK-Ultra siguió funcionando hasta bien entrados los 70 bajo diferentes apariencias. En 1972 la marea estaba cambiando. Se rumoreaba que la tapa estaba a punto volar en pedazos y exponer al programa. El director de funciones de la CIA en ese momento ordenó que toda la documentación adjunta al programa fuera destruida.

En 1974 *The New York Times* publicó una exposición condenatoria sobre el uso de drogas y técnicas de control mental, lo que llevó a la formación de una comisión para detener este tipo de experimentación.

El público fue informado formalmente de la existencia de tales programas por la «Comisión Rockefeller», llevada a cabo por el entonces vicepresidente de los Estados Unidos, Nelson Rockefeller. La comisión destacó el uso de sujetos humanos para crear armas psicológicas para usarlas contra los enemigos de los Estados Unidos. Se reveló que al menos una muerte había ocurrido a raíz de las actividades ilegales llevadas a cabo por el programa.

En los tiempos modernos puede parecer inconcebible que tales métodos fueran usados en sujetos humanos. Sin embargo, los tiempos eran diferentes, y se pensaba que la amenaza percibida justificaba tales programas. Ahora tenemos métodos mucho más sutiles de control mental, pero ¿quién sabe lo que sucede a puerta cerrada? ¡Especialmente tras las puertas cerradas de los laboratorios!

Capítulo 9: Cómo funcionan los cultos o sectas

La idea del culto en la forma que conocemos es bastante moderna. Sin embargo, el uso del término quedó registrado en Inglaterra ya en el siglo XVII. El origen de la palabra se deriva del término latino *«cultus»*, que significa cultura o cultivar. La Europa moderna experimentó transformaciones religiosas que dieron origen a una serie de nuevas religiones. Martín Lutero se separó de la iglesia católica y fundó el luteranismo, una forma de religión surgida de las creencias de la iglesia católica.

El surgimiento de los protestantes en el siglo XVII llevó a grandes cataclismo como la Inquisición Española. El término «culto» se usó para describir a los rebeldes que se oponían a las creencias más tradicionales del catolicismo. Los efectos no fueron solo religiosos, sino que se extendieron a los círculos artísticos y literarios.

El uso del término se decantó durante dos siglos hasta el siglo XIX, cuando aristócratas y eruditos educados comenzaron a interesarse por la arqueología y las prácticas religiosas perdidas durante mucho tiempo.

Los novelistas pronto reconocieron el atractivo de tales grupos, y la palabra «culto» entró en la ficción popular. Cualquier connotación positiva desapareció pronto, y el término se convirtió en un sinónimo de grupos religiosos controlados por el mal, que practicaban rituales satánicos con sacrificios y cultos demoníacos.

Avanzando rápidamente hasta mediados del siglo XX, el término culto se ha convertido en una forma despectiva de describir cualquier forma de religión o comunidad alternativa que no se ajusta a las creencias habituales. El estilo de vida alternativo «hippie» estaba maduro para adoptar el estatus de «culto». El uso de drogas y la promoción del amor libre crearon una generación de jóvenes lista para la explotación.

Antes de explorar algunos de los cultos más infames, es importante entenderlos. Cómo funcionan, por qué atraen a algunas personas más que a otras, y algunas ideas falsas populares.

El factor más común empleado por los líderes de los cultos es el control mental. La mayoría de los expertos están de acuerdo con este hecho y reconocen que los cultos son dirigidos por personas hábiles en la coerción y emplean técnicas de reclutamiento engañosas.

Los cultos adoptan diferentes formas y están diseñados para atraer a todo tipo de personas. Después de todo, una secta solo tiene éxito si tiene miembros.

1) Culto Religioso: posiblemente, el primer tipo de culto acontecido en el siglo XVII. Los cultos religiosos usan sistemas de creencias para atraer a miembros potenciales prometiendo la salvación espiritual.

2) Cultos de tipo comercial: este tipo de organizaciones apelan a la emoción básica de la codicia. Prometen recompensas financieras si los seguidores hacen lo que se les dice. Tendrán un líder financieramente exitoso que personifica el futuro deseado por sus seguidores ricos. Estos cultos usan técnicas de control mental para persuadir a los seguidores de trabajar gratis. Producirán materiales de motivación los cuales se venderán a los seguidores. Los videos motivacionales, la literatura y los seminarios les prometen éxito en el futuro, pero no mencionan que el líder del culto gana una fortuna vendiendo los materiales motivacionales.

3) Grupos de autoayuda: constantemente se nos dice que los grupos de autoayuda, la terapia y la mejora de nuestra salud mental son importantes. Si bien esto es cierto, algunos cultos utilizan este hecho para dirigirse a las personas vulnerables. Pueden ofrecer cursos costosos para «mejorar su vida», que implican encerrarse en retiros y someterse a diversas actividades de grupo. Usarán métodos manipuladores para crear poderosos lazos emocionales con el sujeto y validar el poder del culto. Lo cual conducirá a más cursos y seminarios que prometen progresar en el mejoramiento del individuo y, por supuesto, cuestan aún más. El único escape para muchas personas de este tipo de cultos es la bancarrota.

4) Políticos: el uso del control mental y la propaganda por parte de Hitler y Stalin ya ha sido tratado anteriormente. Estos son ejemplos clásicos de una mentalidad de culto a gran escala. Muchos de estos métodos han sido empleados nuevamente en tiempos recientes, por un número de líderes políticos actuales, que buscan controlar las elecciones y apelar a su «base» de seguidores.

Conceptos erróneos comunes sobre las sectas

Cuando pensamos en el término secta, puede evocar ciertas imágenes. Por ejemplo, suicidios en masa de los miembros.

Pueden tener una parte de verdad, pero las sectas se han infiltrado en la sociedad tomando formas menos obvias. Si se quiere entender la cultura de las sectas, es esencial reconocer los conceptos erróneos comunes, así como las verdades.

Todos los miembros de las sectas viven en comunas

Las sectas prosperan usando el aislamiento y la reclusión para controlar a sus miembros. En algunos casos, esto significa aislarlos físicamente del mundo exterior y formar comunidades autosuficientes. Sin embargo, algunos cultos tienen éxito en la creación de una forma mental de aislamiento. Fomentan la mentalidad de «ellos contra nosotros», que permite a los miembros vivir y trabajar en vecindarios normales y trabajar en empleos regulares. Estas personas están emocional y mentalmente aisladas, pero presentan un exterior funcional para enmascarar su miedo u odio a los extraños.

Todos los miembros del culto llevan togas, cantan y visten ropas extrañas

Los líderes egoístas de las sectas pueden tener pautas para sus miembros que dictan cómo deben vestirse. Las sectas y los cultos más inteligentes reconocen los beneficios de mezclarse. Alientan a sus feligreses a mantener sus trabajos ordinarios y utilizan su «apariencia normal» para animar a otros a mostrar interés en su grupo.

Los cultos son dirigidos por individuos

Los cultos se basan en el control. Aunque los líderes representan los cultos más famosos, no debería ser una forma exclusiva de definir el término. A menudo un grupo dirigido por una junta directiva o un círculo de «profetas» usará el control mental para influir sobre sus miembros. Nunca subestime los motivos de una organización con base en sus métodos de liderazgo.

Los cultos alientan a tener familias numerosas

La imagen popular de una secta tiene chicas jóvenes, embarazadas y descalzas con múltiples parejas y una horda de niños rodeándolas. A veces será así; la generación mayor reconocerá los beneficios de los congregantes «de cosecha propia» que tienen menos probabilidades de abandonar el culto. Pueden permitir los matrimonios múltiples y fomentar el amor libre.

Algunos cultos operan con una agenda diferente. Limitan o incluso prohíben que sus miembros tengan hijos. Se centran más en animar a sus miembros a dedicar tiempo a reclutar nuevos miembros o a trabajar para el grupo. El control que los cultos tienen sobre sus miembros es lo que lo determina, no el tipo de relaciones o el tamaño de las familias.

Los cultos son pequeños e íntimos

En el pasado, los líderes de los cultos entendían el poder de la interacción e influencia personal. La mayoría de los cultos se limitaban a un cierto número de personas, cientos de personas normalmente, pero nunca más de unos pocos miles. Los métodos de comunicación modernos han cambiado todo eso. La Internet permite que los cultos atraigan a personas de todo el mundo, salvando las barreras culturales y de idioma con el uso de aplicaciones de traducción y grupos de redes sociales.

Algunos cultos modernos han usado Internet para aumentar su número de miembros de forma proactiva. Los grupos aparecen regularmente en sitios de redes sociales como Facebook e Instagram con mensajes atractivos sobre sus enseñanzas y doctrinas. Internet es el sueño de todo líder de culto; permite el contacto cercano y personal que necesitan, con personas que están a miles de kilómetros de distancia. Algunos cultos tienen miembros que suman cientos de miles o incluso millones, gracias a Internet.

Solo la gente estúpida se une a los cultos

Suelen tener una doctrina que apela a la gente caritativa los atrae y les da un sentido de pertenencia. Es entonces cuando se emplean las tácticas de control mental y explotación.

Las personas inteligentes y exitosas a menudo se sienten aisladas porque son diferentes. Unirse a una secta les ofrece un lugar para encajar, para ser parte de una organización más grande, y para hacer el bien. Otro aspecto atractivo de la vida de un culto es el poder de ascender en las filas. Muchos cultos confieren a la gente en una posición de poder que les permite dominar a otros miembros, tal vez financiera o sexualmente. Esto alimenta su ego y a su autoestima inflada.

¿Deberíamos tener miedo de los cultos?

Cuando se usa el término culto, puede ser engañoso. No hay una distinción significativa entre la mayoría de las religiones y cultos. Animan a sus miembros a comprometerse con los ideales y creencias del grupo y predican la palabra a otras personas. La mayoría de las religiones piden algún tipo de compromiso financiero a sus miembros, así que ¿por qué los cultos son diferentes?

Los métodos psicológicos para distorsionar la forma en que sus miembros actúan, piensan y se comportan hacen la diferencia. Estudiar algunos de los cultos más infames nos ayudará a entender la diferencia.

Cultos extremos y perturbadores de la historia reciente

A veces puede parecer que Estados Unidos es el hogar natural de los cultos con Charles Manson, L. Ron Hubbard, y David Koresh en sus relatos históricos.

Aquí exploramos algunos de los cultos más conocidos junto con algunos de los movimientos menos conocidos de todo el mundo:

Aum Shinrikyo

En 1995 el mundo se horrorizó cuando el metro de Tokio fue sometido a un ataque con gas Sarín. Se descubrió que los perpetradores eran un grupo religioso japonés conocido como Aum Shinrikyo liderado por el carismático Shoko Asahara. En el momento de los ataques, se estimaba que los miembros de la secta sumaban alrededor de 10.000 en Japón y hasta 45.000 en todo el mundo.

El movimiento comenzó como una clase de yoga y meditación en 1984 y apelaba a personas tranquilas que buscaban una forma espiritual de practicar actividades de yoga. A medida que Asahara comenzó a aumentar su popularidad, rebautizó el movimiento y convirtió al grupo en un culto religioso. Utilizó declaraciones audaces, entrevistas públicas e ideas controvertidas para reclutar miembros. El grupo comenzó a suscitar polémica en los años siguientes, y hay informes de que un miembro del culto que intentó abandonarlo en 1989 fue asesinado.

El grupo se trasladó a Australia Occidental y comenzó a fabricar agentes nerviosos y armas químicas. Realizó ataques en varias ciudades japonesas, que provocaron muchas muertes. Las investigaciones policiales no reconocieron la participación del culto y se centraron en civiles inocentes. Tras nuevas atrocidades, se descubrió la participación de Aum Shinrikyo y doce miembros del culto fueron condenados a muerte. Asahara y otros seis miembros fueron ejecutados el 6 de julio de 2018, y los miembros restantes fueron ejecutados veinte días después.

La Iglesia de la Unificación

En los años 40 la Iglesia de la Unificación, o como se conoce más comúnmente, «Secta Moon», nació como un movimiento religioso iniciado por Sun Myung Moon. El grupo extrajo creencias de varias fuentes y las registró en su «biblia» *Principio Divino*. Eran una mezcla de creencias cristianas, tradiciones asiáticas, y se centraban en la existencia de un Dios universal. Predicaban la creencia de que todas las personas merecían la salvación, que Jesús fue asesinado por error, y que la segunda venida sería señalada por el nacimiento de un varón en Corea en el siglo XX.

El movimiento trasladó su sede a los Estados Unidos en la década de 1950. Continuó expandiéndose hasta alcanzar los 5.000 miembros a finales de los 70. Sun Myung Moon comenzó a proclamarse como el segundo mesías durante este período, y su movimiento recibió muchas críticas.

Los argumentos se dispararon cuando los padres de los jóvenes usaron desprogramadores para sacar a sus hijos del culto. También hubo cierto apoyo en los círculos teológicos a la Iglesia, y los expertos instaron a una consideración más mesurada de las prácticas que llevaba a cabo. A medida que la Iglesia de la Unificación ganaba más aceptación en la corriente principal de la cultura norteamericana, Moon fue objeto de una revisión financiera por parte del gobierno.

En 1982 fue condenado por falsificar las declaraciones de impuestos y conspiración de fraude al gobierno de los Estados Unidos. Se ha informado que estos cargos fueron presentados porque Moon y su esposa habían hecho un gran truco en julio del mismo año. Se «casaron» 2075 parejas en una «ceremonia de boda masiva» en Madison Square Gardens mientras algunos miembros norteamericanos replicaron la ceremonia en Corea del Sur. Muchas de las parejas eran multirraciales y escogidas por Moon.

En 1994, para conmemorar el 40 aniversario de la fundación de la Iglesia de la Unificación, se anunció que surgiría una nueva organización. La Federación de Familias para la Paz y la Unificación Mundial se convirtió en una fuerza significativa en la comunidad religiosa y alentó la moralidad sexual y la reconciliación interracial.

El término «*Moonis*» se ha convertido en un término despectivo para cualquiera que exprese el deseo de unirse a un movimiento de tipo sectario.

Jonestown

Jim Jones fundó el movimiento de culto conocido como el Templo del Pueblo. Es infame porque, en 1978, diseñó el mayor asesinato -suicidio en masa en la historia de América. Jonestown era una comunidad utópica en las profundidades de la selva de Sudamérica. El 18 de noviembre, Jones ejecutó un ataque asesino contra un congresista estadounidense y tres miembros de los medios de comunicación en la capital de Guyana, Georgetown. Más tarde ese mismo día, mezcló un lote de ponche de frutas con cianuro e instó a los miembros del grupo a beberlo.

La mayoría de las personas obedecieron, aunque se cree que algunos miembros del culto se inyectaron o se les disparó. La expresión «beber el Kool-Aid» se refiere a lo que se conoce como la masacre de Jonestown, y simboliza la propaganda y la guerra psicológica. Más de 900 estadounidenses murieron ese fatídico día, demostrando que el poder de la persuasión y el control mental pueden ser mortales.

La familia Manson

Podría decirse que el culto más famoso de la historia fue dirigido por Charles Manson, que estableció un hogar para su «familia» en el desierto de San Fernando, California, a finales de la década de 1960. Alentó el uso de drogas alucinógenas y al verano del amor. Manson se proclamó a sí mismo como mesías y animó a sus seguidores a adorarlo y a seguir todos sus caprichos. En noviembre de 1968, Manson conoció a un gerente del mundo del espectáculo que mencionó que alquilaba su casa a la personalidad estelar del entretenimiento, Roman Polanski y a su esposa, Sharon Tate. Manson inventó un plan para enviar a sus devotos de más confianza en una misión asesina para matar a la pareja. Planeó iniciar una guerra racial que llevaría a un apocalipsis global, permitiéndole ascender al poder.

Los devotos de la familia Manson asesinaron a varias víctimas en 1969, pero la más impactante ocurrió el 9 de agosto. Manson le dijo a sus seguidores que asesinaran a la actriz embarazada Sharon Tate y que mataran a cualquier otra persona que estuviera en la propiedad. Las otras cuatro personas de la casa fueron asesinadas junto a la actriz embarazada de ocho meses en un baño de sangre que conmocionó a los policías que asistieron a la escena del crimen.

La noche siguiente, Manson acompañó a otros miembros de su familia a cometer otro doble asesinato. Ataron y torturaron a Leno y Rosemary LaBianca en su casa en la zona de Los Feliz, Los Ángeles.

Los dos días de asesinato se han convertido en uno de los ejemplos más infames de lo peligrosos que son los cultos. Entonces, ¿deberíamos tener miedo de los cultos? Debemos estar informados, conscientes del poder de los cultos y a veces temer. No vale la pena ignorar el peligro real y actual que representan los cultos.

Capítulo 10: PNL y técnicas oscuras de negociación

¿Qué es la PNL?

PNL significa Programación Neuro-Lingüística. En los años 70, Richard Bandler y John Grinder desarrollaron PNL, después de estudiar a personas exitosas en el campo de la comunicación y la negociación. Descubrieron los métodos comunes utilizados para persuadir y manipular a otras personas para que se sometan a su voluntad.

El resultado es un programa de técnicas respecto a cómo el cuerpo, la mente y el lenguaje trabajan juntos para provocar ciertos cambios en el comportamiento de la persona para hacerla mejor negociadora. Descubrieron diferentes formas en que las personas asimilan el poder del lenguaje, mientras otros son conscientes de comportamientos físicos.

La PNL funciona porque la mayoría de la gente basa sus reacciones en la información disponible. La PNL, como una fuerza positiva, asume que todos pueden usar el programa para lograr sus propias metas físicas y espirituales. También se ha descubierto que estas mismas técnicas pueden ser usadas para propósitos oscuros y manipular a otras personas para que hagan cosas a las que no están dispuestas.

La verdad es que la PNL puede ser usada con buenas o malas intenciones. Si alguien duda de su progreso respecto a sus ambiciones o deseos, las técnicas de PNL pueden usarse para avanzar. Si siente que el proceso de toma de decisiones de alguien toma un giro que podría ser perjudicial, las mismas técnicas podrían alterar sus decisiones. Estas son buenas intenciones, ¿verdad? Pero también pueden ser usadas para hacer que la gente haga cosas que no son tan honorables.

¿Está sometido a técnicas de PNL?

Si siente que ciertas personas tienen una influencia perjudicial sobre usted y teme que puedan estar manipulándole, puede ser incómodo. ¿Le resulta imposible decir que no a ciertas personas? ¿Está siendo manipulado?

Signos de utilización de la PNL

1) **Pueden imitar sus acciones:** preste atención a la gente que le rodea. ¿Están imitando su lenguaje corporal? Cuando cruza las piernas, ¿hacen lo mismo? Intente apartar un mechón de pelo de su cara y mire si alguien hace el mismo movimiento inmediatamente después. Espejar es un comportamiento natural y a menudo instintivo entre las personas que se sienten cómodas entre sí, pero algunas personas lo usan conscientemente como una poderosa técnica de PNL para fomentar la confianza. Algunas personas son más adeptas a esto que otras, pero si presta atención, notará si las acciones parecen artificiales y poco sinceras.

2) **Pueden usar veinte palabras cuando una bastaría:** ¿tiene personas en su vida que usan un lenguaje vago e insípido para decir mucho sin decir nada en realidad? Por ejemplo, una frase como «Veo que eres consciente de tu espacio personal y de la relevancia que tiene en tu ser físico, pero no eres consciente de las barreras que levantas para cumplir con tu autodisciplina, mientras permites que otros floten por encima de esas barreras y te observen». A los PNL les encanta este tipo de lenguaje, que los hace parecer conocedores y espirituales al mismo tiempo.

3) **Insisten en la toma rápida de decisiones:** ¿tiene compañeros de trabajo que le piden constantemente que tome decisiones rápidas? Tal vez un jefe que le presiona para que diga sí o no en un momento dado. La mayoría de la gente necesita pensar las cosas y tomarse su tiempo para tomar decisiones. La gente que usa PNL reconoce que es más fácil manipular a la gente cuando los presiona. Usarán un lenguaje en capas para influenciarle como: «Necesitamos tomar decisiones valientes rápidamente; si no lo hacemos, pareceremos incompetentes y poco profesionales». Este tipo de lenguaje está diseñado para hacerle sentir una persona inferior si no cumple con la presión inicial.

4) **Le darán permiso para hacer lo que *ellos* quieren:** esta puede ser una técnica difícil de detectar. Si alguien la usa para producir resultados negativos, usará la presión del permiso para influenciarle. Por ejemplo, si quieren que usted de algo, le presionarán con el lenguaje: «Adelante, comienza tu nueva vida sin egoísmo, ¡comienza conmigo! ¡Libérate de tu naturaleza egoísta y comparte tu fortuna conmigo!»

La idea de estas técnicas es hacerle sentir como si usted estuviera a cargo de sus decisiones y de los caminos que elije. Suenan retorcidas y engañosas cuando las analiza. Desconfíe de estas técnicas y evite que se aprovechen de usted.

Técnicas oscuras de negociación

Todos debemos negociar. Puede ser tan simple como hacer que sus hijos se acuesten o tan complejo como negociar un nuevo contrato en el trabajo. Las negociaciones jugarán un papel importante en la vida. Si conoce a alguien que siempre parece salir ganando en las negociaciones, lo más probable es que conozca las siguientes tácticas y las utilice para sacar provecho.

Mejorar en la negociación

Intente estos trucos de negociación para conseguir lo que quiere:

1) Siempre parecer decepcionado: los negociadores exitosos conocen el poder de la decepción. Incluso cuando están secretamente encantados con una oferta, saben que fingir decepción les beneficiará de las siguientes maneras:

- Podrán pedir más porque parecen descontentos con la propuesta en curso.

- Si se muestran felices ante una oferta, el otro sentirá que ha exagerado el valor del trato. Esto podría provocar que reduzca o reconsidere la oferta.

2) Responder con preguntas: siempre que sea posible, mantenga el flujo de la interacción mediante el uso de preguntas para responder a las consultas. Por ejemplo, si el otro le dice: «Tienes que bajar más el precio». Entonces usted responde: «¿Cuánto más?».

3) Reconocer que una actitud defensiva no ayuda: si una situación se calienta, necesita relajar la tensión con la risa. Los grandes negociadores conocen el poder del humor y lo usarán para desarmar a sus oponentes.

4) Inventar una autoridad superior que tiene la última palabra: si alguna vez ha negociado el precio de un coche, lo más probable es que haya visto esta técnica. Los negociadores realmente poderosos se describirán a sí mismos como un ejecutivo de bajo nivel cuando se trate de la última palabra. Esto significa que pueden detener las conversaciones porque necesitan consultar con una autoridad superior. Entonces le dan tiempo de reflexionar sobre su oferta y reconsiderar su posición. Cuando regresan, pueden implementar el juego del policía bueno y el policía malo y decirle que hicieron todo lo posible, pero los de arriba no cederán.

Cómo lidiar con estas tácticas

- Finja creerles, pero tome nota mental de la táctica.

- Identifique a la persona que juega al policía bueno y el policía malo.

- Finja interés en conocer a las «personas de arriba».

1) Cambios de última hora en un trato: crear un dilema de última hora es una táctica clásica de manipulación. Cuando un trato no se ha cerrado todavía, la otra persona puede alegar que una autoridad superior (posiblemente denominada «la junta») está interfiriendo.

Intente dar este tipo respuesta: «Bien, entiendo lo que dice. El problema es que realmente quiero cumplir con mi parte del trato, pero mientras usted estaba hablando con la junta, tuve tiempo de hacer algunos números, y la verdad es que el mercado ha cambiado. Hay más demanda de mi producto, y por eso, tendré que cobrarle un 10% más. Sé que aviso con poca antelación, así que estoy dispuesto a rebajar esto a un 5%, pero necesito su respuesta al final del día.»

2) Usar el poder de la ubicación: puede que no se haya dado cuenta, pero cuando se negocia, quien juega de local tiene una clara ventaja. Si comienza sus negociaciones acordando la reunión en la oficina del otro o en el lugar que este ha elegido, ha hecho la primera concesión. Trate de evitarlo teniendo voz y voto en el lugar de la reunión. Un lugar neutral será un campo de juego con igualdad.

3) Traer refuerzos: Si alguna vez se siente superado en número durante las negociaciones, puede significar que la oposición está haciendo sus jugadas de negociación. Si le rodean o se sientan todos frente a usted, están tratando de crear un marco antagónico de «nosotros contra usted», diseñado para intimidarle.

Intente este poderoso movimiento para ponerse en ventaja

Si más de una persona se presenta para discutir el trato, intente decir esto: «Hola [insertar nombre], me alegro de verle. Esperaba un trato más personal hoy. Cuanta más gente se involucre, más probable es que se complique. Puedo recomendar un buen café donde estas personas pueden tomar algo. No nos llevará mucho tiempo resolverlo».

No solo ha sacado de en medio a la gente extra que ha aparecido, sino que ha tomado la delantera en las negociaciones y también ha sugerido que será una reunión rápida, de la cual ya conoce el resultado.

1) La técnica del mordisco: también conocida como sacar hasta la última gota. Cuanto más manipulador sea un negociador, más tratará de sacar provecho de un trato. Justo cuando agarre el bolígrafo para firmar el acuerdo, le lanzarán una bomba pidiendo un poco más.

2) Fingir que ha visto un defecto: esta es otra táctica de último minuto diseñada para obtener concesiones adicionales antes de firmar. Señalarán algo que dicen no haber notado y pedirán un descuento. Manténgase fuerte y dígales que el precio ya se había

acordado o intente esta otra técnica de negociación. Dígales que si abandonan la táctica de retraso, el almuerzo corre por su cuenta. Entonces puede irse inmediatamente después de que el trato se haya sellado.

3) Utilizar recursos en línea para nivelar el campo de juego: si está en una posición de poder al cerrar un trato, su oponente puede apelar a los medios electrónicos para negociar el resultado. No entre en pánico, tratan de superarle, pero usted conoce el juego. Sugiera que se produzca un encuentro cara a cara, pero puede discutir los detalles en línea. Esto le ayudará a entender las razones que tienen para evitar los encuentros personales.

Otros métodos de PNL

La PNL no se trata solo de manipular a otras personas. Es un manual para su cerebro que puede transformar su vida por completo.

Pruebe estas técnicas de PNL para proyectar un futuro mejor para usted:

1) **Disociación:** ¿cuáles son los peores escenarios que enfrenta regularmente? ¿Tiene pánico cuando se enfrenta a hablar en público, o siente timidez en presencia de miembros del sexo opuesto? Intente los siguientes pasos para ayudar a aliviar estas emociones paralizantes:

- Identifique cuando se siente incómodo y no está completamente en control de sus emociones.

- Imagínese a sí mismo elevándose por encima de su cuerpo físico y viendo la situación desde arriba. Usted es simplemente un observador, y sus sentimientos cambiarán a medida que observe.

- Flote de vuelta a su cuerpo físico y lleve consigo la sensación de calma que experimentó. Si siente que aparece el pánico, repita el proceso hasta que se sienta cómodo.

2) Recontextualizar el contenido: esta técnica se trata de poner las cosas en perspectiva. Por ejemplo, tal vez ha perdido su trabajo. Puede estar angustiado al principio, pero necesita cambiar la sensación. Ahora es libre de probar una carrera diferente. Podría decidir empezar un negocio propio. En vez de tener miedo y pánico, enfóquese en lo positivo.

3) Crear compenetración: puede intentar crear empatía y conexión con otra persona reflejando su lenguaje corporal durante una conversación. El reflejo a menudo ocurrirá subconscientemente entre dos personas que comparten intereses similares o un vínculo estrecho. Por supuesto, el reflejo es solo una parte del paquete y no hará usted que le guste a la gente si es una persona horrible. Es solo un pequeño empujón para prestarle atención y hacer que los demás compartan una relación con usted. Si ellos sonríen, usted sonríe. Si inclinan la cabeza cuando hablan, entonces usted podría hacer lo mismo. Intente hacer como un espejo verbal y baje la voz cuando lo hagan. Si capta ciertos términos que les gusta usar, entonces incorpórelos.

En resumen, las técnicas de PNL pueden utilizarse para hacerle mejor persona. Esto le ayudará a conseguir amigos y a tener más confianza en sí mismo. Proyectará una versión mejorada de usted, atractiva para los demás.

No se puede enfatizar lo suficiente; los métodos de PNL pueden ser tanto positivos como negativos. La forma de utilizar estas técnicas es una elección personal. Tenga en cuenta que el uso de las operaciones psicológicas es una forma importante de cambiar la vida de las personas. Úselas con cuidado.

Capítulo 11: Ciberdelincuentes

Es importante definir el término «ciberdelincuencia» para comprender cómo operan los ciberdelincuentes. En 1981 Ian Murphy, también conocido como el Capitán Zap, se convirtió en la primera persona condenada por un crimen informático. Hackeó los ordenadores de AT&T y cambió sus relojes internos. Esto permitió a los clientes acceder a descuentos nocturnos durante el día.

Tres años después, en 1984, el Servicio Secreto recibió la jurisdicción sobre el fraude informático, lo que llevó al Congreso a aprobar una ley que establecía que el hackeo de sistemas informáticos se consideraba un acto criminal. El primer ataque a gran escala fue en 1988, cuando se robaron 70 millones de dólares del *First Bank of Chicago*. Esto dio lugar a una serie de ataques a medida que los piratas informáticos se hicieron más frecuentes y exitosos. Historias de adolescentes infiltrados en sitios web del gobierno aparecían en los medios de comunicación, y grupos «hacktivistas» comenzaron a formarse.

En 2008 el Pentágono declaró oficialmente el ciberespacio como el «quinto dominio de la guerra», que identificó la creciente amenaza que representan los ciberdelincuentes.

¿Qué es el ciberdelito?

Es el uso de las redes cibernéticas para obtener acceso ilegal a los datos e información de otras personas. Esto puede incluir sitios web nacionales, gobiernos, empresas, organizaciones de venta al por menor en línea, bancos y particulares. Cuando utilizamos nuestros ordenadores personales, deberíamos poder sentirnos seguros. Deberíamos poder confiar en que nuestra información no está en peligro ante fuentes fraudulentas y ciberdelincuentes. Esto, por supuesto, rara vez es así.

Los ciberdelincuentes apuntan a cualquier cosa y a todos. Están interesados en cualquier cosa que pueda ser usada para crear beneficios. Esto podría implicar el intercambio de secretos militares o comerciales, o ser tan simple como el robo de datos de tarjetas de crédito o PIN de tarjetas de débito.

Las nuevas tecnologías inevitablemente crean nuevas oportunidades criminales, pero eso no necesariamente crea nuevas formas de crimen. El ciberdelito es una forma de robo en línea para los delincuentes tradicionales que pueden usar una computadora. El fraude, la pornografía infantil y el robo de identidad ya existían antes de la aparición de la computadora, pero todos ellos han sido vinculados con el término general de ciberdelincuencia.

La distinción importante que hay que entender es que el ciberdelito tiene un carácter no local. Ha abierto oportunidades en todo el mundo para quienes buscan beneficiarse de las actividades delictivas. El beneficio de Internet, que se extiende por todo el planeta, ofrece una amplia gama de oportunidades para los delincuentes; ha creado algunas zonas grises de legalidad. Por ejemplo, si una persona que vive en un país con leyes estrictas contra ciertos tipos de pornografía accede a ese material en un país con leyes menos estrictas, ¿están sujetos a las leyes de ese país o a las de su país de residencia?

¿Dónde ocurre el ciberdelito? Existen métodos para que los ciberdelincuentes oculten su rastro y disimulen su presencia en la red. Sin embargo, al igual que las fuerzas policiales tradicionales pueden rastrear a los delincuentes físicos, algunos profesionales cibernéticos están capacitados para descubrir las huellas de un ciberdelincuente.

Formas comunes de ciberdelincuencia

Preguntar qué tipos de delitos se llevan a cabo en línea es como pedirle a un estudiante de derecho que haga una lista de todos los tipos de delitos cometidos en el mundo. Aunque somos conscientes de que los ciberdelincuentes se infiltran en las principales organizaciones y causan trastornos en todo el mundo, esto a menudo no afecta nuestra vida cotidiana. Los delitos más relevantes para los individuos suelen implicar algún tipo de fraude o robo.

Crímenes cibernéticos que pueden afectarle

El príncipe nigeriano o las 419 estafas

Antes de la aparición de la ciberdelincuencia, esta estafa se utilizó con el correo tradicional y más tarde con el fax. La estafa consiste en la solicitud de un «príncipe nigeriano» que tiene millones de dólares inmovilizados en una cuenta en Nigeria y necesita una cuenta bancaria a la cual transferirlos. Se le pide al destinatario una pequeña suma por adelantado para ayudar a sacar el dinero del país con la promesa de que recibirá una suma mayor en el futuro. Por supuesto, el dinero nunca llega, y el estafador a menudo pide más dinero. Algunas víctimas han sido estafadas por cientos de miles de dólares.

Fraude de cajeros automáticos

A los cibercriminales les encanta hacer dinero de una forma mundana y simple. Han desarrollado la forma de registrar los datos de las tarjetas de los clientes en el cajero automático y luego piratean los registros bancarios para obtener acceso a los PIN.

Después crean tarjetas falsas para retirar grandes cantidades de efectivo de forma ilegal. El problema va en aumento, ya que los cajeros automáticos son el método preferido para retirar dinero en todo el mundo. El robo de cajeros automáticos se ha convertido en un problema internacional cada vez mayor.

Fraude electrónico

Con mucho gusto transferimos fondos en línea para pagar facturas y comprar artículos en línea. Ya nadie parece llevar dinero en efectivo, y esto es un maná del cielo para los ciberdelincuentes. Hay ejemplos de cibercriminales que acceden a la base de datos de un banco y transfieren solo un dólar de cada cuenta. Este tipo de transferencias vuelan por debajo del radar y pueden permanecer sin detectarse durante meses. Grandes sumas han sido robadas usando transferencias electrónicas.

Piratería

Aunque a la mayoría nos habrán ofrecido DVD y discos compactos falsos, todos sabemos que es ilegal. La mayoría de la gente reconocerá el delito como un robo, mientras que otros considerarán que es su derecho aprovecharse de esta oferta de entretenimiento gratuito. Pero, ¿y si nuestros trabajos fueran plagiados de la misma manera? ¿Y si la gente esperara que los bienes y servicios que suministramos fueran gratuitos? Eso sería un crimen, ¿verdad? Entonces, ¿por qué no tenemos el mismo respeto por los trabajos de la gente la industria del entretenimiento? La piratería es un crimen.

Robo de identidad

Muchos recordarán el episodio de *Friends* (1994) en el cual una señora amante de la diversión robó la identidad de Monica Geller de forma hilarante. El verdadero delito de robo de identidad es posiblemente una de las formas más insidiosas en que los ciberdelincuentes pueden afectar su vida. La única información que un criminal necesita en los Estados Unidos es el número de seguro social de alguien, y podrá robar su identidad. Conseguirán acceso a todos los documentos relacionados con la ciudadanía de aquella persona. Estará en su poder establecer una identidad completamente distinta usando el nombre de la víctima. Pueden adquirir una licencia de conducir, abrir cuentas bancarias y obtener préstamos. Operan en muchos niveles diferentes. Las cantidades más pequeñas son de 300 dólares, pero hay sumas mayores. La mayoría de los estadounidenses son conscientes de la posibilidad del robo de identidad y están atentos, por lo cual los montos han disminuido en los últimos tiempos.

Spam

Si tiene una dirección de correo electrónico, entonces le habrán enviado *spam* de algún tipo. Se trata de correos electrónicos no solicitados que contienen anuncios o enlaces a sitios que pueden ser, en el mejor de los casos, inútiles y, en el peor, ofensivos. El *spam* puede parecer una parte normal de la vida cibernética, pero es un crimen. Peor aún, es un crimen contra todos los usuarios de Internet. Es imposible saber cómo eliminar el *spam* sin violar la libertad de expresión que disfrutamos. La mayoría estamos protegidos por los proveedores de correo electrónico, pero podríamos beneficiarnos si implementamos medidas de seguridad adicionales.

Los crímenes listados son solo un vistazo superficial de todos los cometidos por los ciberdelincuentes. Necesitamos saber cómo protegernos en línea tanto como nos protegemos en la vida normal.

Protección contra ciberdelincuentes

Internet no es un lugar seguro para todos los usuarios. Si bien esperamos alguna forma de protección por parte de las redes de comunicación social y los sitios que usamos, también podemos tener algunas precauciones adicionales. No solo son adecuadas para los usuarios expertos en tecnología, pueden ser utilizadas por cualquier persona que sepa cómo encender un ordenador.

1) Usar contraseñas fuertes: ¿tiene la misma contraseña para todos los sitios que usa? ¿Es una combinación de su fecha de nacimiento y el nombre de una mascota para poder recordarla fácilmente? ¿Sabía que alrededor del 70% de los adultos usan la misma contraseña para varios sitios? ¡Tiene que cambiar esto! Complejice sus contraseñas. Cámbielas regularmente. Utilice símbolos, números y al menos diez letras que no sean necesariamente secuenciales. Utilice una aplicación de gestión de contraseñas para llevar un registro de sus nuevas y complejas contraseñas, y no confíe en su memoria.

2) Asegúrese de que su software se actualiza regularmente: los ciberdelincuentes siempre están buscando fallos en los softwares. Tienen un período de tiempo limitado para explotar estos defectos. Si actualiza regularmente el paquete que utiliza, puede estar un paso delante de ellos.

3) Usar una VPN: una VPN o red privada virtual es una necesidad para cualquiera que pase tiempo en línea. Protege su privacidad en línea y dificulta que los hackers lo rastreen a usted y a sus actividades. Puede elegir una VPN de bajo costo de varios proveedores para que su ubicación e información sea anónima. Las VPN encriptan todos los datos que envía y le mantienen a salvo. Las VPN son legales en la mayoría de los países, excepto China e Iraq, pero puede haber requisitos de anti-privacidad y censura, así que asegúrese de revisar la información de su región con vpnmentor.com.

4) Haga copias de seguridad de sus archivos regularmente: utilice un sistema de almacenamiento aparte para guardar sus archivos y así poder borrarlos de su ordenador. Al igual que una casa limpia protege su salud física, un ordenador limpio evita los virus y la corrupción virtual.

5) Tenga cuidado con dónde hace clic: los ciberdelincuentes le esperan para atraerle con anuncios pegadizos o enlaces atractivos. Nunca descargue un archivo de una fuente desconocida ni haga clic en un enlace generado por una fuente no legítima.

6) Mantenga sus datos financieros en privado: ¿cuántas veces ha leído acerca de correos electrónicos falsos u otras comunicaciones de los bancos pidiendo detalles de la cuenta? Los ciberdelincuentes saben que un correo electrónico de aspecto legítimo hará que algunas personas revelen sus datos de seguridad. Hable con su banco, y descubrirá que nunca le pedirán ningún tipo de detalles ni le pedirán que transfiera dinero a cuentas alternativas.

7) Administre su configuración de redes sociales: la mayoría de las personas tienen al menos una cuenta de redes sociales, y muchas personas tienen varias cuentas. Imagine eliminar la molestia de administrar estas cuentas con una sola herramienta en línea. Pruebe CoSchedule.com para obtener consejos sobre cómo administrar sus cuentas de redes personales y empresariales. Tome las cuentas de Twitter, Facebook, Instagram y Pinterest y vuélvalas más seguras. Este tipo de seguridad le ayudará a proteger su vida en línea y los detalles que revelan.

8) Comprenda que el robo de identidad puede ocurrir en cualquier lugar: cuando deja la seguridad de su casa, a menudo se pone en riesgo con los ciberdelincuentes. Cuando viaja, es posible que necesite obtener información en la carretera. Esto puede permitir a los piratas informáticos conocer dónde está, qué hotel o centro turístico visitará y cómo va a pagar.

¿Cuántas veces ha visto a amigos o familiares usando redes sociales para anunciar que se van de vacaciones? Es normal entusiasmarse con las vacaciones y los viajes, pero declarar que está a punto de salir de casa durante dos semanas es una invitación para ladrones y ciberdelincuentes. Lleve su VPN con usted y mantenga los detalles de su viaje en silencio hasta que regrese a casa.

9) Hable con sus hijos sobre los peligros de Internet: como sus hijos tienen un historial de crédito limpio, pueden convertirse en un objetivo para los criminales que se especializan en el robo de identidad. Explique a sus hijos lo que pueden y no pueden compartir en Internet. Asegúrese de tener acceso a sus cuentas de redes sociales y de poder administrar sus configuraciones de seguridad.

También es el momento perfecto para contarles los peligros que pueden acechar en Internet. Nadie quiere asustar a sus hijos, pero es vital decirles que estén atentos. Necesitan saber que pueden acudir a usted si temen que les estén preparando o acosen en línea. El acoso ha alcanzado nuevos parámetros con Internet, y sus hijos pueden correr el riesgo de sufrir acoso o maltrato en línea.

10) Sea consciente de lo que debe hacer si usted es el objetivo: recuerde que nadie está seguro en línea, y si nota alguna anormalidad en su computadora, debe reportarla. Informe a la policía local, y ellos le ayudarán a decidir qué hacer a continuación. Hay muchos recursos para mantenerle a salvo. Si cree que alguien ha accedido a sus datos financieros, cancele todas sus tarjetas inmediatamente y póngase en contacto con su banco.

El crimen cibernético no se limita a novelas de espías y *thrillers*. El crimen en línea se está convirtiendo rápidamente en la forma número uno en que los criminales operan. Los daños previstos del crimen cibernético para el 2021 son alrededor de 6 billones de dólares solo en Estados Unidos. No se convierta en parte de esta estadística. Utilice los consejos anteriores para que su experiencia en la red sea agradable.

Capítulo 12: Cómo protegerse

¿Alguna vez se ha preguntado por qué se siente fuerte en algunos temas, y otros se le pasan de largo? ¿Sus opiniones se alimentan de influencias externas, o verdaderamente reflejan sus creencias?

Vivimos en una sociedad democrática, y nos animan a pensar libremente y a formar opiniones propias... Eso parece. Pero la verdad es que la democracia, en su forma más pura, es toda manipulación. Necesitamos que nos digan cómo pensar y qué es lo que nos atrae de personas que nunca conoceremos. Si no fuéramos educados para pensar de esa manera, nuestra sociedad sería un caos.

El problema con la sociedad moderna es que parece haber llevado este concepto demasiado lejos. Estamos sujetos a una propaganda apenas velada que se presenta como una noticia. Se nos presentan los «hechos» y la información que la gente en posiciones poderosas siente que debemos ver. La desinformación y la propaganda se difunden fácilmente a través de los medios de comunicación social y de los sitios web de «noticias». Si se trata de un sitio web de «noticias» con sesgo, ya sea de izquierda, derecha, o neutral, es importante verificar por cuenta propia cualquier «hecho» y filtrar las opiniones y la agenda de la organización de medios en cuestión. En resumen, a menudo se nos trata como a niños, y si se mira más de cerca, es posible reconocer los intentos flagrantes de apelar a nuestras emociones y prejuicios, en lugar de presentar claramente los hechos de manera imparcial.

En pocas palabras, tenemos que dejar de aceptar versiones tontas de la realidad y tomar parte activa en lo que consumimos. Los titulares breves que captan la atención y nos hacen pasar de un tema a otro nos dicen muy poco, pero plantan semillas de desinformación en nuestra psique.

Aquí hay algunas maneras de asegurarse de que la información que recibe sea relevante:

Elija cuidadosamente sus fuentes de noticias

Algunas fuentes de noticias son más fiables que otras, y algunos periodistas son más éticos que otros. Esto no significa que se puedan aceptar las opiniones o declaraciones de la gente como hechos, como los que a menudo se hacen en publicaciones cortas en Twitter o en redes sociales, sin verificación independiente y sin pruebas de que sean verdaderas. Muchas «noticias falsas» se difunden en memes, publicaciones o en sitios web de «noticias» altamente sesgados, y a través de redes sociales. Es importante encontrar fuentes fiables e investigar más a fondo, utilizando el pensamiento crítico, antes de creer la información. Deben presentar argumentos equilibrados que contengan cualquier posible sesgo y que provenga de una fuente fiable y ética, no de un artículo de opinión, un titular sesgado o declaraciones en redes sociales que promuevan teorías de conspiración, que se pueden desmentir fácilmente como mentiras descaradas.

Cuando empiece a cuestionar los hechos que se le presentan; aprenderá a separar la propaganda de la realidad. Hay tantas fuentes que proporcionan «noticias» que puede resultar abrumador.

Fuentes confiables que producen periodismo de calidad

1) *The Wall Street Journal:* cuando elige leer el WSJ, sabe qué puede esperar. La publicación produce artículos muy precisos con un sesgo conservador. Cuando asume esto, puede confiar en que le proporcionará información de una fuente confiable.

2) **La BBC:** esta conocida institución británica es respetada en todo el mundo por su contenido preciso y su falta de sesgo. Cuando la BBC informa sobre historias políticas, se enfoca en lo que los políticos han dicho y poco más. No usa sus puntos de vista para influenciar a los televidentes; no se puede decir lo mismo de la mayoría de las cadenas de noticias de Estados Unidos. Los comentarios de la BBC son generalmente factuales y confiables.

3) *The Economist:* esta publicación ha existido por más de 150 años y tiene una postura liberal en la mayoría de las historias. Es una fuente confiable de noticias con hechos claros. *The Economist* publica artículos de opinión, así como noticias directas. Sin embargo, aclara explícitamente que los artículos de opinión son exactamente eso. El periodista declara su opinión personal y trata de persuadir a las personas para que estén de acuerdo. *The Economist* es una fuente seria de noticias inteligentes y confiables y es considerada la fuente de noticias más confiable de los Estados Unidos.

Leer más

Si bien la noticia es importante, debe equilibrarse con otras lecturas. Pruebe con libros de no ficción para ampliar su comprensión del mundo y disfrute de una pieza clásica de ficción en lugar de encender la televisión. Lea ampliamente sobre historia, teología o temas científicos. La mente es capaz de grandes cosas si se le da alguna información con la cual trabajar.

No elija bandos en la política

Solo se puede obtener una visión equilibrada de un tema si se consideran todas las partes. Usted tendrá un sesgo; todos lo tenemos, pero si solo escucha a la gente que tiene los mismos puntos de vista que usted, ¿cómo construirá una opinión equilibrada? Intente ser abogado del diablo y lea como si fuera partidario de los contrarios. Si puede dejar de lado sus filiaciones, se convertirá en un votante más informado que podrá participar en debates políticos con confianza.

Intente pensar con claridad

Ahora tiene fuentes confiables de noticias; es hora de abordar cómo piensa sobre otros aspectos de su vida. ¿Se deja arrastrar por las opiniones populares y está de acuerdo con las declaraciones solo para encajar? Eso no es saludable, usted es un individuo, y es hora de que afirme la versión libre de usted mismo.

Formas de aclarar la mente y pensar por sí mismo

Crear un espacio mental saludable

¿Siempre ocupa su mente en con las redes sociales, o revisa constantemente los correos electrónicos y el teléfono en busca de mensajes? ¿Recuerda los viejos tiempos cuando no sentíamos la necesidad de conectarnos con todo el mundo las 24 horas del día? Tal vez no; tal vez es demasiado joven para recordar esos días pasados en los que podíamos apagar todo durante una hora y darle un descanso a nuestros cerebros. Si ese es el caso, puede ser más difícil para usted imaginar una hora al día sin los estímulos de los aparatos electrónicos.

Sin embargo, darle al cerebro la oportunidad de respirar será una revelación para cualquiera. Nos bombardean con peticiones, micro dosis de información, y nos sentimos obligados a llenar cada minuto con tareas. ¿Qué pasó con el tiempo a solas? ¿Por qué sentimos que el tiempo que pasamos solos no es relevante?

Llámelo meditación, llámelo recuperar su terreno mental, llámelo «tiempo para mí». Como sea que lo llame, solo hágalo. Significa que no hay teléfono, ni portátil, ni televisión, ni libros, ni siquiera radio o música. Está a punto de conocer a su cerebro y tener una charla significativa. ¡Disfrute!

Rechace verse obligado a cualquier cosa

Estamos rodeados de medios de comunicación e información de tipo «*click-bait*». Requieren decisiones instantáneas, y respuestas desinformadas. Puede que esté acostumbrado a ver un post en línea y responder en segundos. Esta es una forma de adicción y debe detenerse. El mundo no se derrumbará si no comenta lo que su amigo piensa sobre un lindo post de un cachorro.

Haga preguntas sobre lo que ve. ¿Es relevante para su vida, y se beneficiará de ello en algún aspecto? Si la respuesta es no, entonces ignórelo. No sea una oveja, no siga la opinión popular solo para encajar. Sea la persona que cuestiona las nociones preconcebidas a las que todos estamos sujetos.

Dese tiempo para considerar todas las opciones

Si necesita más tiempo para pensar sus decisiones, entonces dígalo. Sea firme y dígale al mundo que no le va a empujar. Puede parecer un concepto alienígena las primeras veces que lo intente, pero a medida que su confianza crezca, también lo hará su resolución.

Aprenda de los errores

Todos los cometemos; todos vemos que otros los cometen. Los errores, las fallas, los defectos y las equivocaciones son parte de la vida humana. ¿Por qué entonces se nos hace sentir como un fracaso cada vez que los cometemos? Levante las manos, admita que se equivocó y anímese a aprender de los errores. Otras personas verán que está dispuesto a admitir cuando se equivoca y le respetarán por ello.

Cómo evitar ser manipulado en las relaciones

Hemos discutido cómo la guerra psicológica puede afectar las relaciones y llevar a un compañero a ser el manipulador. Si siente que la situación está completamente fuera de control, entonces debe ponerle fin. Pero si existe la posibilidad de hacer que algo suceda para mejorar la relación, entonces debe intentarlo.

1) Pregúntele a su pareja algo nuevo y excitante: si han estado juntos por algún tiempo, puede ser que la comunicación se haya convertido en un hábito. «¿Cómo fue tu día?» y «¿Qué pasó en el trabajo?» son aburridas cuando son preguntas diarias. Intente hacer un esfuerzo y preguntar algo que realmente quiera saber. Intente preguntas como: «¿Cuál es el mejor recuerdo de tu infancia?» o «¿Has soñado alguna vez con viajar al espacio, y cómo crees que sería?» Cuando hace un esfuerzo extra para crear una conversación significativa, le muestra a su pareja otro lado de usted. Quiere saber más porque le ama.

2) Dense tiempo para estar juntos: ambos deben ser capaces de tener actividades independientes, y esto es importante. Sin embargo, a veces podemos ser inflexibles a la hora de ajustar nuestros horarios en caso de que parezca que estamos mostrando debilidad. Trate de hacer citas. Tal vez podría dejar la clase de *spin*

o la sesión de gimnasia para ir al estreno de una película a quieren ver. No debería tener que hacer sacrificios, pero las citas están bien.

3) Dejar atrás el pasado: si le ha preocupado un comportamiento pasado, entonces debe enterrarlo y seguir adelante. Al aceptar intentarlo de nuevo, está dando su perdón. Esto significa que no puede dejar que los problemas del pasado afecten su futuro.

4) Recuerde las pequeñas cosas: a veces, nos preocupamos demasiado por los grandes gestos y las muestras de afecto exageradas. Los pequeños detalles pueden ser igual de importantes. Por ejemplo, si su pareja menciona que necesita tener una reunión importante con un cliente la próxima semana, tome nota del día en que se reunirá. Cuando su pareja llegue a casa esa noche, hable del tema. Le encantará que lo recuerde, y eso demostrará que le importa.

5) Mostrar afecto: ¿es culpable de complacencia en su relación? Tal vez los dos lo son, y puede parecer anticuado. Traigan de vuelta el romance y muestren a su pareja algo de afecto. Tómense de la mano cuando salgan de compras o sorpréndale con una noche romántica en casa. Las flores y los dulces pueden parecer cosas de niños, ¡pero funcionan!

Cada relación es diferente, y ninguna es perfecta sin importar lo que le digan. Las relaciones de calidad son lo que todos anhelamos, pero a veces debemos esforzarnos. Si cree que vale la pena salvar la relación, sabrá cuáles son las mejores formas de asegurar que suceda.

Cómo evitar la manipulación en general

Primero, debe darse cuenta de que todo el mundo puede ser un imbécil de vez en cuando, pero algunas personas parecen incapaces de ser otra cosa. Las personas tóxicas a menudo son incapaces de cambiar, así que deben ser evitadas. Si sabe que ciertas personas están empeñadas en hacerle sentir miserable, ¿por qué sigue en contacto con ellas?

Deshágase de las personas que son como Dr. Jekyll y Mr. Hyde. Todos somos propensos a los cambios de humor, pero cuando alguien es completamente encantador con usted un día y al día siguiente es irritable o malhumorado, puede tener una personalidad tóxica. Si una persona se niega a responder a sus llamadas o desaparece de su vida durante días sin razón aparente, entonces está jugando con sus emociones. Este tipo de manipulación no es aceptable, y deben ser eliminados de su vida.

Sea consciente de sus propios sentimientos

Cuando experimentamos manipulación o abuso emocional, a menudo nos quedamos con sentimientos que son difíciles de definir. Nos preocupamos demasiado por lo que siente la otra persona y por lo que hemos hecho para molestarla. Tómese el tiempo para reflexionar sobre sus propios sentimientos para variar. ¿Está experimentando culpa o vergüenza por sus acciones? ¿Por qué debería sentirse mal por el comportamiento de otra persona?

La verdad es que las personas razonables, equilibradas y emocionalmente estables a menudo se preocupan más por ser buenos con los demás que por sus sentimientos. Deje de hacer eso y escuche las alarmas que suenan en su cabeza. No tiene razón para sentir vergüenza o culpa. Empiece a sentirse enfadado por cómo le han tratado y dese cuenta de que no ha hecho nada malo.

Conviértase en un buen oyente

Hay una clara diferencia entre alguien que intenta manipularle y alguien que intenta que vea su punto de vista. Podemos estar demasiado a la defensiva si hemos experimentado manipulación en el pasado. Abra sus oídos y trate de entender lo que la otra persona está tratando de decirle. Si son propensos a usar generalizaciones y declaraciones que están diseñadas para aplastar sus puntos de vista, entonces tome nota.

Los narcisistas no quieren oír sus matices, y se negarán a reconocerlos. Si todo lo que puede oír son términos ilógicos en blanco y negro, entonces aléjese. Debe aclarar la razón de su partida. Dígales que su tiempo es demasiado valioso para escuchar su estilo de retórica de «disco rayado».

Evite la triangulación

¿Tiene algún amigo que le diga repetidamente lo que los demás dicen de usted? Le dirán que es por su propio bien y que necesita saber la verdad sobre cómo le ve la gente. Les encanta informar de falsedades sobre lo que dicen los terceros. Esta es una forma en la que los manipuladores tratan de atraerle. Se presentan a sí mismos como la única persona de confianza en su vida.

Este método se conoce como «triangulación» y debe ser evitado a toda costa. Debe darse cuenta de que el tercero en el drama es tan víctima como usted. Intente invertir la situación y unir fuerzas con la tercera parte para cambiar la situación de la parte manipuladora.

Mejore el control encuadre

¿Qué es su «control de encuadre»? En pocas palabras; es cómo reacciona a una interacción. La vida está llena de interacciones, y cómo las ve es cómo controla su encuadre. Pueden ser afectadas por el tiempo, el lugar, la intención y el flujo natural. Un encuadre fuerte requiere una voluntad fuerte. Debe conocer su mente y demostrar a los demás que no es fácil de influenciar.

Tomemos el ejemplo de un vendedor y un cliente. El cliente tiene la intención de averiguar un precio sin comprar un producto, ya que quiere explorar otras opciones. El vendedor tiene el encuadre de venderle al cliente algo sin importar qué. El individuo con el control más fuerte de encuadre logrará su objetivo.

Ejercicios de fortalecimiento del encuadre

Si siente que su encuadre puede ser susceptible y necesita trabajo, pruebe estos ejercicios de fortalecimiento de encuadre. Al igual que los músculos normales, su mente necesita entrenamiento de vez en cuando.

1) Apéguese a la lista: si le resulta difícil ignorar los atractivos del supermercado, intente esta sencilla tarea. Haga una lista y no compre nada más. Si está decidido a comer saludablemente, ¡puede distraerse con una bolsa de papas fritas bien colocada! Utilice el control de encuadre para ceñirse a lo esencial.

2) Haga sonreír a alguien todos los días: cuando tiene un encuadre fuerte, la gente quiere estar con usted. Si puede hacer sonreír a la gente con su personalidad, está a mitad de camino. Nadie le está sugiriendo que se convierta en un comediante, pero intente ser divertido. Pruebe el objetivo de hacer sonreír a una persona por día.

3) Dormir a tiempo: ¿alguna vez ha rebasado la hora de dormir? Sabe que tiene un día muy ocupado mañana, y que debería dormirse a las 11 p. m., pero es más de medianoche, y todavía se tomará diez minutos más antes de irse a la cama. Decida la hora de dormir y apéguese a ella.

4) Tome clases de actuación: si quiere convertirse en una fuerza de la naturaleza, ¡tome lecciones de actuación profesionales! Una clase de actuación le ayudará a proyectar su voz, a usar sus gestos para transmitir el significado que quiere y a sostener un encuadre fuerte. Actuar consiste en convertirse en una persona diferente

durante un tiempo determinado. Si quiere ser un actor consumado y creíble, tome clases.

5) Tenga metas en la vida: las personas con encuadres fuertes suelen tener metas en la vida. Aquellos con encuadres más débiles tenderán a ir a la deriva. Si tiene metas bien definidas en la vida, puede descartar trivialidades. Concéntrese más y confíe en que puede lograr lo que se proponga. Establezca metas en su carrera, relaciones, salud y asuntos espirituales para convertirse en un individuo completo con un encuadre impresionante.

La importancia del encuadre no se puede enfatizar lo suficiente. Si tiene un encuadre mental de confianza y optimismo, reconocerá los posibles ataques psicológicos. También aprenderá a analizar lo que otros le dicen y a desechar asuntos triviales.

La conclusión es que todos somos sujetos de una guerra psicológica todos los días. Usted sabrá cuáles son sus debilidades y cómo lidiar con ellas. No hay una solución rápida para librarse de la gente tóxica, pero combinar métodos le ayudará a vivir una vida más saludable y feliz.

Conclusión

Gracias por leer *Guerra psicológica: La guía fundamental para entender el comportamiento humano, el lavado de cerebro, la propaganda, el engaño, la negociación, la psicología oscura y la manipulación.* Ahora conoce los peligros de la guerra psicológica y cómo prevalece en la sociedad. El conocimiento es poder, y saber cómo tratar con la gente también puede ser empoderador.

A menos que planee vivir en una cueva por el resto de su vida, tendrá interacciones sociales, y saber cómo lidiar con ellas es un ingrediente clave para el éxito. También está mejor equipado para descifrar lo real y lo falso, y para reconocer el uso de la propaganda. Buena suerte con sus nuevos conocimientos, ¡utilícelos bien!

Segunda Parte: Engaño

Una guía esencial para entender cómo las personas maquiavélicas pueden ocultar la verdad y usar su conocimiento del comportamiento humano para manipular, negociar y persuadir

Introducción

Lo más probable es que esté leyendo esto porque siente curiosidad por la "psicología oscura". ¿Pero qué significa? ¿Es alguna forma de magia oscura poseída solo por unas pocas personas bien versadas en el arte de controlar a los demás? ¿O es más bien una cosa de Harry Potter con los dementores chupadores de almas y drenadores de felicidad? En este libro, finalmente podrá responder con claridad a sus preguntas sobre la psicología oscura.

La psicología oscura es la ciencia y el arte de usar el control y la manipulación mental para conseguir lo que desea. Mientras que la psicología trata sobre el aprendizaje del comportamiento humano y cómo las personas generalmente interactúan entre sí, la psicología oscura se centra más en la coerción, la persuasión, la motivación y las tácticas de manipulación.

Ya, podría preguntarse si querría o no "manipular" a alguien, y si incluso debería estar leyendo este libro. Si este es su caso, sería prudente seguir adelante y leerlo. El mundo no es todo flores y rosas, y se haría un gran favor al conocer a la tríada oscura, especialmente a los maquiavélicos, de quienes trata este libro. Tener esta conciencia le preparará para cualquier encuentro eventual con una de estas personas.

Algunas personas leen libros como este porque les gustaría aprender a manipular a todos los que les rodean. Si este es su caso, aquí tiene una nota: Asegúrese de usar todo lo que aprenda aquí para el bien común.

El maquiavelismo es una de las tres manifestaciones de la psicología oscura o la tríada oscura. La cosa sobre la tríada oscura es que, a menudo, la posesión de estos rasgos es un gran predictor de relaciones problemáticas y un flagrante desprecio por la ley y el orden. El narcisista es el que muestra una grandiosidad y egoísmo sin igual, junto con una clara falta de empatía. El psicópata es un encantador, su amigo más amigable, y a menudo impulsivo y egoísta, sin capacidad de remordimiento o empatía. Por último, está el maquiavélico que es un maestro del engaño y no tiene reparos en explotar a las personas si eso significa que obtendrán lo que quieren, sin las trabas de cosas tan frívolas como la "moralidad", que la gente común aprecia.

A diferencia de otros libros sobre este tema, este está actualizado y es fácil de entender. Si es principiante, y está aprendiendo sobre psicología oscura, encontrará esta guía amistosa sobre las formas maquiavélicas. Si está bien versado en estos temas, es muy probable que aprenda cosas nuevas. Este libro está escrito en un estilo sencillo y fácil de entender, por lo que no luchará con los conceptos.

A lo largo de las páginas, llegará a comprender la verdadera naturaleza de un maquiavélico. Aprenderá cómo son tan hábiles en el engaño y cómo usan lo que saben de usted para persuadirlo y controlarlo.

Lo que está a punto de aprender es extremadamente potente y debe ser usado solo para buenos propósitos. Lo que haga con este conocimiento, al final, depende enteramente de usted.

Capítulo 1: Introducción a la Psicología Oscura

Hay personas con las que se encuentra a diario y para las que la persuasión y la manipulación es una forma de arte elevada. Estas personas son a menudo expertos en llevar máscaras desde el momento en que salen al mundo, porque si el mundo viera lo que realmente hay debajo de sus máscaras... bueno, probablemente no sería un buen presagio para ellos.

La Tríada de la Psicología Oscura

Esto es lo que compone esta tríada:

- Narcisismo
- Psicopatía
- Maquiavelismo

El narcisista es la persona más egocéntrica que conocerá, no tiene empatía, y cree que todo en ellos es más grande que la vida misma. Atrévase a desafiar este proceso de pensamiento, y harán que se arrepienta.

El psicópata es siempre encantador. Esto no sería un problema si no carecieran completamente de empatía, como el narcisista. Son muy impulsivos y no tienen remordimientos. Probablemente conozca el dicho, "Algunas personas solo quieren ver el mundo arder". Bueno, "algunas personas" son básicamente psicópatas.

Ahora el maquiavélico. Nadie miente mejor que este miembro de la tríada oscura. No solo mienten a la ligera, sino que contarán cualquier historia que deban contar si eso significa conseguir que las personas hagan su voluntad. No tienen moral, y para ellos, las personas son simplemente juguetes para ser manipulados como les parezca. El maquiavélico no ve nada malo en mentir si eso significa que se salen con la suya. No se moleste en tratar de predicarles un sermón; un maquiavélico entiende cómo piensan y sienten los humanos y usa este conocimiento para su beneficio. Sin embargo, lo más probable es que no sea consciente de su completa comprensión de la naturaleza humana. Esto es parte de lo que los hace tan efectivos en sus tácticas... y peligrosos.

Manipulación: Más común de lo que cree

Puede pensar que estas personas existen en una minoría. Lo más probable es que no se encuentre con alguien tan manipulador. Sin embargo, esta manipulación continúa todos los días. Claro, puede que no sea el objetivo específico de un maquiavélico, pero más personas de las que cree tienen que lidiar con sus mentiras.

De hecho, encontrará que la manipulación ocurre a su alrededor. La encontrará en cartas de ventas, anuncios, anuncios de internet, anuncios de radio, televisión, periódicos, etc. Como padre o tutor, tendrá que lidiar con este tipo de comportamiento de los adolescentes a medida que descubran quiénes son realmente y traten de encontrar la mejor manera de obtener lo que quieren y expresar su autonomía.

No se alarme, pero la mayoría de las veces, las oscuras técnicas de manipulación y persuasión son utilizadas por las personas más cercanas y queridas, las que usted ama y en las que confía.

Tácticas diarias de manipulación y persuasión

En caso de que todavía quiera aferrarse a la noción de que no es testigo de la manipulación y la persuasión cada día, quizás una simple lista de tales tácticas le ayude a ver la verdad.

1. *Dar el tratamiento de silencio.* Puede que haya experimentado o presenciado esto por sí mismo, donde alguien deliberadamente le da la espalda, no le habla, e incluso se esfuerza mucho para evitar encontrarse con usted.

2. *El bombardeo del amor.* Dar cumplidos y mostrar amor y afecto solo para conseguir que alguien se ablande lo suficiente como para pedirle un favor.

3. *Negar el amor.* ¿Alguna vez escuchó de un cónyuge o amante que le niega el afecto a su pareja para que se disculpe o haga algo que no haría de otra manera?

4. *Mentir.* Contar mentiras descaradas o "blancas" y adornar historias aquí y allá para que parezcan más interesantes.

5. *Opciones encajonadas.* El manipulador solo le da un par de opciones, que sirven para que no se dé cuenta de que hay otras opciones que puede elegir además de las que le han presentado.

6. *Manipulación de la semántica.* Aquí, el manipulador utiliza palabras que pueden significar fácilmente un millón de cosas diferentes. Cuando se enfrenta a ellas más tarde, le dicen que significan algo completamente diferente de lo que usted pensaba.

7. *Psicología inversa.* El manipulador le pide que haga algo, sabiendo muy bien que prefiere hacer lo contrario de lo que le piden, y esperando que siga con su propio pensamiento "original".

Tal vez esté comenzando a darse cuenta de lo común que es la manipulación, o tal vez se dé cuenta de que usted mismo ha utilizado algunas de estas tácticas. El punto es hacerle saber que no es muy difícil caer presa de estas técnicas, no importa quién o dónde esté. Ocurre en el trabajo, en las amistades, en las familias, en las relaciones, en los medios de comunicación, en la política, en la religión... en todas partes.

Ahora, esto no quiere decir que todos los que utilizan cualquiera de estas tácticas sean necesariamente parte de la tríada oscura. A veces, la persona no es consciente de lo que hace y de lo erróneos y poco éticos que son estos métodos. Los niños son muy impresionables, por lo que muchas personas aprenden estas tácticas solo observando a los adultos o las fuertes influencias en sus vidas. Algunas personas aprendieron estas técnicas de manipulación en el proceso de vivir sus vidas adolescentes. Algunas personas aprenden estos trucos más tarde en la vida y generalmente por coincidencia, no por la necesidad de controlar a los demás. Utilizaron una técnica y se les entregó su deseo en bandeja de plata, por lo que continúan con estos métodos para llegar más lejos en la vida.

Además, algunos reciben entrenamiento real en el arte de la manipulación y la persuasión. La mayoría de las veces se pueden utilizar programas para aprender a salirse con la suya, usando trucos que a menudo son muy poco éticos. Esto es especialmente el caso cuando se trata de hacer ventas o estar involucrado en el mundo del marketing. Con estas oscuras tácticas, pueden despertar el deseo y literalmente activar un interruptor en su mente que le dice que tiene que tener el producto del día. Cree que tiene una buena negociación cuando en realidad, ellos son los que se llevan la mayor parte del dinero y los beneficios.

Conozca a los posibles miembros de la Tríada Oscura

¿Qué clase de personas forman parte de este grupo?

Políticos. Aunque hay algunos buenos, muchos usan a menudo oscuras tácticas de manipulación para que la gente vea las cosas a su manera. Hacen y dicen lo que deben hacer para que la gente se ponga de su lado. Algunos se convencen a sí mismos de que es por un bien mayor; otros son conscientes de estar en ello solo para ellos mismos.

Abogados. Algunos abogados no se detendrán ante nada para ganar un caso. Usan tácticas oscuras para hacer las cosas a su manera, y no sienten ni una pizca de remordimiento por no ser éticos.

Líderes. Varios líderes han dominado el arte de la persuasión oscura. Usan los métodos más retorcidos para asegurarse de que sus seguidores se alineen y continúen inclinándose hacia atrás para ofrecer un rendimiento cada vez mejor.

Vendedores. Si alguna vez ha leído una carta de ventas, probablemente piense que solo está leyendo un montón de palabras que anuncian un producto en particular, y no hay nada más. Sin embargo, mucho está pasando cuando considera el subtexto de los mensajes de estas cartas de ventas. Se escriben deliberadamente para desencadenar emociones primarias en usted que le hacen actuar como el escritor quiere que lo haga.

Oradores públicos. Hablar en público es otro campo donde verá prosperar la persuasión oscura. Los oradores públicos utilizan estas técnicas para enganchar a su público y asegurarse de que siguen volviendo por más y gastando más dinero en el siguiente nivel de producto y en el siguiente evento.

Generalmente, las personas egoístas también utilizan estas técnicas porque ¿qué mejor manera de asegurarse de que siempre obtengan lo que quieren? En lo que a ellos respecta, todos los demás pueden irse al diablo.

Puede parecer que este libro está glorificando el proceso de usar métodos oscuros para manipular a todos y salirse con la suya, y puede parecer que es realmente la mejor manera de hacerlo. Sin embargo, al final, ir a la oscuridad nunca vale la pena. Cuando las personas y las empresas se meten en estas técnicas, con el tiempo, hay una falta de confianza. Solo puede engañar a las personas por un tiempo antes de que se den cuenta de su juego.

Una cuestión de ética

Entonces, ¿cómo puede saber si es ético cuando intenta persuadir o motivar a alguien? Es realmente tan simple como evaluar sus intenciones. Debe ser honesto en su evaluación. Tiene que averiguar por qué está tratando de persuadir o motivar a alguien para que actúe. ¿Está tratando de ayudarlos? No hay nada malo en ayudarse a sí mismo en el proceso, siempre y cuando, sea cual sea el final del juego, sea mutuamente beneficioso para todas las partes involucradas.

Una buena regla general es asegurarse de que el objetivo es crear una situación en la que todos ganen, sin importar lo que estén haciendo. No debe incitarse a sí mismo a asumir que algo es realmente bueno para la otra parte solo para tranquilizar su conciencia. Tiene que ser una verdadera victoria.

¿Qué impulsa la oscuridad?

Hay muchas razones por las que las personas con personalidades de la tríada oscura hacen lo que hacen. A veces, es cuestión de ser aceptados. Para otros, se trata de salir adelante en la vida, tener más éxito en el trabajo, o recibir un montón de dinero. Otros siguen estando simplemente en ello por la gloria del poder y la sensación de estar en control de todo y de todos. Algunos están impulsados por su amor a la religión o a las tendencias políticas. Hay un buen número que son como son a causa de un trastorno psiquiátrico.

Lo que hay que entender de estos oscuros depredadores es que pueden ser cualquiera, de cualquier país, raza, religión o posición económica. Así que no se apresure a descartar a su aparentemente amable y carismático predicador o líder o filántropo simplemente porque espera que quieran lo mejor para todos, más que la mayoría.

Nadie es inocente

La verdad es que: Todo el mundo puede expresar los rasgos de la tríada oscura. Tienen la capacidad de llevarla tan lejos, más allá del punto de no retorno, donde solo ven a todos los que les rodean como presas y cazan sin otra razón que la de poder hacerlo.

Debería saber a qué se refiere esto. A veces tiene ese pensamiento malvado y oscuro que sale de la nada, a veces obligando a preguntar: "¿De dónde vino eso?". Esto no debería preocuparle, sin embargo, porque la mayoría de las personas nunca actúan con esos pensamientos. Para los narcisistas, psicópatas y maquiavélicos, no solo expresan esas inclinaciones oscuras, sino que también obtienen mucho placer y satisfacción al realizar los pensamientos. También piensan que las personas que caen presas de sus payasadas se lo merecen, ya que fueron demasiado ingenuos y se dejaron llevar por sus manipulaciones. En realidad, se vuelven adictos a su comportamiento depredador.

Hoy en día, con la llegada de Internet y el mundo reduciéndose a una aldea global a causa de las redes sociales, es muy importante tomar conciencia de estas oscuras inclinaciones que albergan ciertos miembros de la raza humana. Si además se tiene en cuenta el anonimato que internet concede a todo ciberciudadano, se puede ver con seguridad cómo, más que nunca, las personas con personalidades oscuras pueden prosperar e ir más allá de los límites que de otro modo tenían antes de que existieran las redes sociales e Internet.

El resto de esta guía se centra en "los maquiavélicos" y en cómo ejercen el engaño con tanta habilidad contra la gente común para lograr sus deseos retorcidos. Habiendo establecido que los monstruos se hacen pasar por personas normales, ahora se centra en el tema del engaño. ¿Qué cuenta cómo engaño? ¿A quién considera la persona engañosa, y bajo qué situaciones es ese engaño malévolo, si es que lo es?

Capítulo 2: ¿Qué es el engaño?

El engaño es el acto de confundir a las personas. Se trata de mantener la verdad oculta, o propagar ideologías y creencias que están muy lejos de la verdad, generalmente para obtener alguna ventaja o avance. Hay muchas maneras en que el engaño puede jugar, incluyendo la propaganda directa, la distracción típicamente en conjunción con el engaño de la mano, el disimulo, o el camuflaje. El engaño también incluye el autoengaño. Se trata de presentar las falsas afirmaciones como verdades.

El engaño inevitablemente será descubierto. Una vez descubierto, es inevitable que la parte engañada se sienta traicionada y se lo piense dos veces antes de confiar en el engañador. Cuando las personas se relacionan entre sí, hay una expectativa natural de que habrá honestidad y transparencia. Por esta razón, el engaño es la profanación de las reglas de una relación, que se consideran sagradas y preciadas por los humanos.

En su mayor parte, si se piensa en ello, se espera que los amantes, la familia, los amigos, los compañeros de trabajo, e incluso los extraños sean honestos. La única vez que realmente espera deshonestidad es si ha tenido que lidiar con una experiencia traumática que le deja con la guardia en alto, o si ha presenciado o escuchado de la propensión de una persona a la deshonestidad.

Dicho esto, todavía hay un poco de engaño que sucede, incluso entre usted y el que mantiene el otro lado de su cama caliente cada noche.

Tipos de engaño

El engaño se presenta en varias formas, desde distorsiones y omisiones de la verdad hasta hacer afirmaciones deshonestas diseñadas para conseguir que la otra persona tome cualquier acción que quiera, a menudo a su costa. El engaño también puede jugar no solo en las palabras, sino también en las acciones. Digamos que quiere comprar un par de zapatos. Inspecciona un zapato del par, cuando algún otro comprador se pone a su lado, recoge el otro y lo inspecciona. En el proceso, pueden poner una cara que comunica asco o disgusto, deja el zapato y se van.

Una vez hecho esto, si no es una persona particularmente segura de su estilo, o si no estaba seguro de ese zapato al principio, probablemente comenzará a ver todo lo malo que tiene el zapato debido a la forma en que reaccionó. Así que, puede decidir que los zapatos no valen el dinero, dejarlos e irse. Segundos después, la persona pasa y decide que realmente le gustan los zapatos y los compra. Este es un ejemplo muy básico de cómo el engaño puede jugar en la acción.

Aquí hay algunas afirmaciones engañosas. Por ejemplo, una empresa que fabrica jugo de frutas puede escribir en la lata, "Hecho con 100% de fruta real", sabiendo muy bien que la mayoría de las personas lo verán y decidirán, "Vaya, eso tiene que ser saludable". Lo estoy comprando". En realidad, podría ser que la "fruta 100 por ciento real" en realidad solo constituye un tres por ciento de la lata. Después de todo, la etiqueta dice, "hecho con", no "hecho de". Un comprador más exigente se volverá a ver los ingredientes, que sin duda comenzarán con "Agua, azúcar..." y encontrará que realmente lo que tienen es una lata llena de azúcar, conservantes, colorantes y saborizantes, con solo una pizca de "100 por ciento fruta real". Claro, la compañía afirma que lo que hicieron es la verdad; sin embargo, técnicamente, el hecho es que llevará a los compradores a sacar conclusiones falsas.

Para ir al grano, aquí están las diversas formas de engaño con las que las personas tratan cada día:

1. *Mentiras.* Se le da información que es completamente diferente de la verdad.

2. *Ocultamientos.* Deliberadamente solo se le da un poco de la imagen. El engañador dejará fuera fragmentos críticos de información que pondrán lo que están diciendo en el contexto apropiado, o actuarán de manera que enturbien los hechos relevantes.

3. *Equivocaciones.* Se le dan declaraciones muy contradictorias o declaraciones vagas e indirectas en lugar de una respuesta real.

4. *Subestimaciones.* El engañador deliberadamente minimiza las partes más significativas de la verdad para engañarle, minimizando su importancia.

5. *Exageraciones.* El engañador le dirá la "verdad", solo que es una versión increíblemente estirada y exagera o amplía partes que le mantendrán en la oscuridad.

6. *Malinterpretaciones.* El engañador le dará la verdad, pero la malinterpretará deliberadamente.

Es importante notar el motivo detrás del engaño. En su documento "Teoría del engaño interpersonal", Buller y Burgoon (1996, págs. 202 a 242) identifican las siguientes motivaciones para actuar engañosamente.

• Motivos instrumentales: El engañador miente para mantener sus recursos a salvo o evitar ser castigado.

• Motivos relacionales: El engañador miente para mantener sus relaciones fuertes o establecer otras nuevas y beneficiosas.

• Motivos de identidad: El engañador está motivado por la necesidad de proteger su imagen o salvar la cara.

Puede estar tentado a decir desde su alto y poderoso pedestal, "Bueno, yo nunca engaño a nadie. Mantengo todo honesto y limpio". Bueno, ¿en serio? Piense en la vez que alguien se disculpó por recortarse de uñas, y usted respondió: "Oh, está bien, no es gran cosa", sabiendo muy bien que cada sonido de los recortes le acercó un paso más a la hora de reventar. O la vez en que un amigo se sentía deprimido por algo, y entonces, desesperado porque su buen amigo volviera a ser el mismo de siempre, le hizo un cumplido que no quiso decir, o le dijo que algo no era culpa suya, aunque ambos sabían que lo era. El punto es que todo tipo de personas se involucran en el engaño. El problema es una cuestión de grado.

De hecho, casi se puede argumentar que el engaño es algo que sucede, incluso en la naturaleza. Ahora mire el mecanismo de defensa del camuflaje, por ejemplo. El único propósito del camaleón es cambiar su color para que coincida con el entorno que lo rodea. El propósito de la coloración del ualabí es coincidir con su entorno y asegurarse de que están a salvo de la presa. Incluso los militares utilizan uniformes y equipo de camuflaje, con el mismo propósito de parecer discretos, como nada más que una parte del mobiliario.

El engaño también ocurre en forma de disfraz. Disfrazar algo es hacer que parezca ser otra persona o algo totalmente distinto. Las celebridades, cuando necesitan hacer cosas cotidianas y no quieren que los paparazzi los sigan a todas partes, a menudo se disfrazan o van de incógnito. Un disfraz puede ir más allá de la apariencia. A veces, hay un cambio en los patrones naturales del habla, la voz, el ritmo de la marcha, etc. Un ejemplo de disfraz es Sherlock Holmes, que a menudo intentaba aparecer como otra persona para que nadie lo reconociera.

El disfraz también puede jugar en formas abstractas, donde son las ideas las que se disfrazan como algo distinto de lo que realmente son. Esto ocurre típicamente en el gobierno y en el espacio político en su conjunto. En otras palabras, este disfraz es propaganda. Puede que haya escuchado la frase "Misión de mantenimiento de la paz" y se haya preguntado por qué dispararon a alguien si el verdadero objetivo era mantener la paz. O tal vez escuchen la frase "custodia protectora" cuando en realidad lo que está pasando es un secuestro autorizado por el gobierno.

¿De qué otra manera puede ocurrir el engaño? Deslumbrar. Deslumbrar tiene el efecto de dejar a la otra parte demasiado confundida para ver la verdad o para asimilar las cosas más significativas. Tomemos un debate entre dos estudiantes de secundaria de diferentes escuelas. Uno presenta los hechos lógicos; el otro simplemente "expone sus puntos" haciendo preguntas retóricas tras preguntas retóricas, apenas dando al público y a los jueces tiempo para pensar críticamente y darse cuenta de que no estaban exponiendo puntos reales. Naturalmente, el deslumbrante equipo de debate gana, aunque no debería haberlo hecho. Otro ejemplo de este deslumbrante engaño es cuando un pulpo dispara una nube de tinta negra, para que los depredadores no lo vean cuando se escapa.

¿Quién usa el engaño?

Las personas que son desafiantes por naturaleza. Con estas personas, son más obvios sobre su engaño. A menudo son muy rebeldes y harán todo lo posible para salirse con la suya sin consecuencias. Piense en su adolescente que se cree más listo que usted y trata de escapar a las repercusiones de sus acciones. La verdad es que no tiene sentido hacer cosas y salirse con la suya si no tienen ningún tipo de reconocimiento por la hazaña. Por esta razón, es fácil detectar que están siendo engañosos.

Personas con rasgos de personalidad engañosos. No son los mismos que los que tienen trastornos completos. Típicamente, este tipo de persona es pasivo-agresiva. A menudo, no se dan cuenta de que son vistos como personas engañosas. Por ejemplo, si este tipo de persona forma parte de un proyecto, y realmente no quiere involucrarse en él, puede postergar u olvidar convenientemente hacer cosas importantes. Cuando se enfrenta a este individuo, se apresura a apelar a sus emociones, en lugar de encontrarse con usted en un nivel lógico acerca de por qué están actuando como lo hacen, y cómo ambos podrían llegar a una solución.

Las personas con un trastorno de personalidad. Ya sea que se trate de alguien con un trastorno de personalidad narcisista, un trastorno obsesivo-compulsivo, o alguien paranoico, limítrofe o histriónico, el hecho es que hay una percepción inexacta de la realidad en sus mentes. A menudo intentarán hacerle parte de su mundo delirante.

Estas personas suelen estar motivadas por un profundo temor al rechazo, el abandono o el fracaso, así como por las inseguridades. Pueden haber experimentado algún evento traumático en su infancia que ha contribuido a que salgan como lo han hecho. Para estas personas, hacen todo lo posible para mantener todo este miedo e inseguridad ocultos a todo el mundo, y es por eso que van a elaborar su propia versión de los acontecimientos y le harán a usted a creerlo todo.

Las personas que caen bajo la tríada oscura. Estos sociópatas y psicópatas están muy avanzados en sus tácticas de engaño y son expertos en leer a todo el mundo a través del subtexto, el lenguaje corporal y la simple observación. Siendo capaces de leer a las personas con facilidad, saben qué decir o hacer y cómo decirlo o hacerlo para que su presa sienta una falsa sensación de seguridad con ellos.

Con las personas de este grupo, no hay ninguna forma de empatía, amabilidad o pizca de bondad en ellos. Se sienten completamente cómodos incluso aprovechando a los más cercanos y queridos. En lo que a ellos respecta, el fin justifica los medios. Si perciben que la única manera de conseguir lo que quieren es deshacerse de usted, lo harán sin dudarlo y no mirarán atrás. Son expertos en ejercer el abuso de manera sutil e insidiosa, y a menudo, la víctima apenas se da cuenta de lo que está pasando hasta que es demasiado tarde.

La verdad sobre el engaño

El engaño es una parte predominante en la vida de las personas, y juega un papel útil, nos guste o no. Sin embargo, no todas las mentiras están motivadas por el beneficio personal a expensas de otro. La mayoría de las mentiras que las personas dicen son por el bien de otros, solo para asegurarse de que todos puedan relacionarse sin problemas. Dicho esto, a nadie le gusta sentirse como si acabaran de ser engañados.

Entonces, si todos mienten, ¿cuál es la diferencia entre un maquiavélico y una Jane o Joe común y corriente? El motivo. Los estudios también muestran que el engaño puede ser algo bueno. En *Philosophize This!*, un podcast sobre el maquiavelismo, se hace bastante obvio que Maquiavelo no necesariamente postulaba que todo el mundo se vuelve engañoso por el hecho de hacerlo. La teoría es que solo escribió *El Príncipe* para dejar claro que, aunque está bien querer mantener los valores morales como la honestidad y la franqueza en todos los aspectos de la vida, es especialmente imposible para los líderes en la política o en general ser honestos si pretenden tener alguna forma de estabilidad y paz durante su administración.

Mientras que el hecho de que las intenciones de Maquiavelo se vean bajo esta luz hace que lo que escribió parezca menos villano, el hecho es que hay maquiavélicos que no están simplemente tratando de gobernar. Están buscando ser los primeros, y acabarán con cualquiera para conseguirlo.

Capítulo 3: Definiendo el maquiavelismo

Este capítulo comienza con el origen de la palabra "maquiavelismo". Nicolás Maquiavelo fue un escritor del Renacimiento que escribió *El Príncipe*. El libro trata sobre las diversas técnicas que los líderes deben utilizar si quieren tener un seguimiento leal y asegurar el orden y la estabilidad en la tierra. No se trataba tanto de hacer lo que era moralmente correcto, sino de hacer lo que había que hacer, sin importar el costo.

Según Maquiavelo, hay dos maneras de gobernar. Una forma es por la ley y supuestamente trae la paz. La otra es por la fuerza bruta. Cuando la primera forma no funciona, el líder tendrá que recurrir a la segunda forma. Como tal, el gobernante más sabio hará bien en no hacer promesas con la intención de cumplirlas, especialmente si esas promesas no son realmente en su mejor interés.

La visión maquiavélica de las personas es que todas son intrínsecamente malas, y por esta razón, el líder sabio haría bien en engañarlas cuando deben hacerlo, ya que las personas mismas no son particularmente confiables. Maquiavelo afirma que las personas son fácilmente influenciables por lo que sea que necesiten en el momento, así que es fácil utilizar estas necesidades para que bailen a su ritmo. En sus palabras, "El que busca engañar siempre encontrará a alguien que se deje engañar".

Maquiavelo postuló que el líder debe adherirse a las leyes, la ética y los principios vigentes al gobernar un estado. Sin embargo, cuando sea necesario, el líder también debe ser capaz y estar dispuesto a aferrarse a su poder mintiendo y siendo astuto. En otras palabras, en lugar de hacer como la Reina Roja y gritar "Que les corten la cabeza", el líder sería prudente usar la adulación y la amabilidad, incluso si no lo hacen en serio. Les serviría mejor parecer graciosos, amables, honestos e incluso religiosos. Maquiavelo dice que sería mejor tener estas virtudes, pero estar preparado para deshacerse de ellas en el momento en que las circunstancias dicten que sería el mejor curso de acción.

Maquiavelismo y Psicología

Florence Geis y Richard Christie fueron los primeros investigadores en considerar el maquiavelismo en relación con la psicología, en lugar de la política. Lo describieron como un comportamiento, rasgo o actitud. Gracias a estos investigadores americanos, el maquiavelismo no es un rasgo que solo se aplica a los políticos y líderes, y no significa lo mismo que tener una personalidad autoritaria. Tampoco es simplemente un asunto psicopatológico. Incluso la gente más común puede pensar como maquiavélicos, dependiendo de las situaciones a las que se enfrenten.

Rasgos maquiavélicos

Rasgo #1: Manipulación. En lo que respecta al maquiavélico, no hay nada malo en ser manipulador. Se sienten cómodos con el engaño y las artimañas. Siempre están al acecho para ganar algo siendo manipuladores y engañosos. Son increíblemente egoístas, insensibles, y francamente malvados cuando tratan con otros.

A pesar de lo mucho que les gusta manipular a las personas, los maquiavélicos siempre andan con cuidado. Solo atacan cuando ven una oportunidad de crear problemas, conseguir lo que quieren y salirse con la suya sin que nadie se entere.

El maquiavélico siempre tiene alguna justificación para las cosas que hace. Racionalizarán sus actos más cobardes sin fin y le harán creer que en su lugar, es más que probable que usted haya hecho lo mismo. Tienen todo tipo de armas en su arsenal cuando se trata de su engaño. Se entrometerán, le halagarán, actuarán como si fueran muy cooperativos, y harán todo lo que puedan para maniobrar justo donde tienen que estar para luego dejarlo en una situación comprometida.

El maquiavélico no es un psicópata, sin embargo, ya que están en el extremo más oscuro de la tríada oscura. Sí, un maquiavélico es increíblemente despiadado e insensible, pero el psicópata nunca tiene una conciencia culpable sobre lo que hace. En cuanto a los maquiavélicos, no son tan agresivos. Prefieren actuar con tacto.

Una cosa que debería saber sobre los maquiavélicos o los Mach (del inglés Machiavellian) es que tienen un montón de métodos para engañar a las personas. En un estudio de Geis, Christie y Nelson (1970, págs. 285 a 313), se pidió a los sujetos que encontraran objetos ocultos en un cuadro, mientras que el investigador notó la cantidad de tiempo que tardaban en encontrarlos todos. Una vez que terminaron, los sujetos asumieron el papel de investigadores y dieron al siguiente grupo de sujetos la misma prueba que acababan de terminar. Cuando terminaron, el investigador les pidió que distrajeran y molestaran a otros sujetos que aún estaban trabajando en sus tareas, para evitar que terminaran a tiempo. Se dejó a la discreción de los sujetos qué métodos usaban para mantener a los demás distraídos.

Este estudio demostró que los participantes con las puntuaciones más altas de Mach en un examen Mach tenían una amplia y diversa gama de métodos para influir en los sujetos no Mach. Mentirían, retendrían información y harían preguntas que servían para confundir y que eran completamente irrelevantes cuando se miraba bajo la superficie. También suspiraban, tarareaban, silbaban una melodía, golpeaban su lápiz repetidamente contra el escritorio y continuaban reorganizando todos los objetos que encontraban en el escritorio. Los Mach fueron los que idearon las formas más ingeniosas de utilizar tales técnicas de distracción para lograr su objetivo.

Sería difícil encontrar un mejor mentiroso que un maquiavélico. En un estudio de Azizli et. al, *Lies and crimes: Dark Triad, Misconduct, and High-Stakes Deception. Personality and Individual Differences* (Mentiras y crímenes: La tríada oscura, la mala conducta y el engaño de alto riesgo. Personalidad y diferencias individuales) (2016, págs. 34 a 39), realizado para comprobar la probabilidad de que los sujetos mintieran, se entregaron a los participantes cuestionarios destinados a evaluar la probabilidad de que se vieran envueltos en un engaño, en particular del tipo con mucho en juego. En todos los escenarios presentados en los cuestionarios, los maquiavélicos se sentían claramente a gusto con el engaño en todas sus formas. Sin embargo, estaban muy ansiosos por ser parte de un engaño de alto riesgo, incluso más de lo que el psicópata común y corriente probablemente miente.

Dicho esto, los Mach no sienten la necesidad de mentir todo el tiempo, y no siempre son necesariamente suaves al respecto. No creen que sea absolutamente necesario mentir cada vez que sus labios se mueven. Para ellos, es simplemente que la mentira es necesaria para salir adelante, especialmente porque el mundo está lleno de gente poco fiable en lo que a ellos respecta, sin tener en cuenta que probablemente causaron que estas personas actuaran de manera poco fiable, para empezar. Para los maquiavélicos, cuando la verdad no les da lo que quieren, la mentira es la elección lógica.

Rasgo #2: Amoralidad. Los maquiavélicos están completamente de acuerdo con ser amoral y no respetar la ética. Para ellos, todo se trata de lo que les importa, y si hay una regla moral o ética entre ellos y lo que quieren, puede apostar su último dólar a que no dejarán que eso se interponga en su camino. Prefieren la injusticia a fracasar.

El Mach continuará probándole, provocándole, viendo dónde están sus límites y cómo pueden romperlos. En el momento en que el Mach descubra su debilidad, se abalanzará sobre ustedes. Si hay dinero que hacer, no les importa ignorar la ética y están aún más ansiosos por hacer cualquier cosa amoral que sea necesaria. El hecho de que el Mach nunca permita que las convenciones sociales los controlen es lo que los convierte en los mejores manipuladores.

Rasgo #3: Cinismo. Nunca encontrará a nadie más cínico que un Mach. Ellos creen que nunca puede confiar en lo que alguien dice o hace. A menudo asumirán que las personas tienen las peores intenciones, que son todos mentirosos e intrigantes, y que por lo tanto nunca se debe confiar en ellos. Para el maquiavélico o Mach, deben permanecer siempre vigilantes en caso de que alguien decida aprovecharse de ellos. De hecho, esto les lleva a menudo a aprovecharse de otras personas para ser los primeros en ser deshonestos. Este tipo de pensamiento es la forma en que el maquiavélico excusa su comportamiento. Después de todo, ¿por qué ser amable u honesto cuando la otra persona definitivamente no lo es?

El maquiavélico ve a las personas como deshonestas incluso cuando se trata de ellos mismos, teniendo una impresión de bondad que realmente no existe. Creen que este falso conocimiento de sí mismos es lo que hace a sus víctimas aún más vulnerables.

Con este cinismo inherente, un Mach puede causar un desequilibrio de poder entre usted y ellos. No le consideran un igual, sino que piensan que es inferior y que está abierto a la manipulación, ya que creen que tienen una comprensión más firme de su comportamiento que usted. En cierto modo, tienen razón. Muchas personas se ven obligadas a hacer las cosas que hacen por factores externos, más que porque han decidido actuar de forma independiente. Esto es lo que permite al Mach entrar en su vida, como una fuerza externa, y doblegarlo de acuerdo a su voluntad para ganar algo de usted.

Rasgo #4: La frialdad. El Mach es reservado y frío. Son indiferentes a todo. Si quiere una lección para separarse de las emociones, el Mach será el mejor tutor que pueda tener. No les importa cómo se siente y prefieren ser racionales en todo. Se preocupan más por sus objetivos que por las personas, y prestan atención a las cosas que les beneficiarán mientras que ignoran completamente cómo se siente sobre sus métodos o lo que le están haciendo.

El Mach puede pensar en todas las opciones de una manera muy fría y distante. Esto es ventajoso para ellos porque no importa en qué situación se encuentren, saben cómo controlarla. Ponen su objetivo al frente y en el centro, tamizan toda la información que reciben y descubren las mejores opciones y estrategias que les permiten lograr su fin. No les preocupa si su reacción a sus métodos es de aprobación o desaprobación; a esta persona solo le preocupa hacer lo que cree que es mejor para ellos.

Nunca podrá distraer al Mach con sus emociones, no importa lo intensas o terribles que sean. El maquiavelismo existe en un espectro. Con un Mach alto, nunca podrá interponerse en su camino cuando se trata de obtener una mejor posición, promoción o ganar más dinero. Un Mach bajo se preocupa mucho más por las personas en sus vidas, tanto en el trabajo como en el hogar, y esto los deja en una posición mucho más vulnerable, ya que no creen que el fin justifique los medios.

Rasgo #5: No hay empatía. No importa lo que esté pasando, el Mach es incapaz y no está dispuesto a considerar cómo se siente o a caminar en sus zapatos. Les falta empatía. Ya sea que sienta dolor o alegría, el Mach no puede relacionarse con eso. Tampoco son las personas más serviciales o desinteresadas, así que no espere que le extiendan la mano cuando esté colgando al final de un acantilado. A menos que, por supuesto, salvarle sea un medio para un fin para ellos. No creen en la promoción de los demás y prefieren mantenerle bajo su pulgar que darle una mano. Si está trabajando con un Mach, tiene que hacer las cosas de la manera que ellos quieren. No trate de ser creativo, solo estará pidiendo un mundo de dolor.

El Mach no es muy cooperativo, y esto no es una sorpresa, ya que no tienen empatía. Incluso si han estado en su posición particularmente difícil antes y saben lo inconveniente que es, no pueden ser molestados. Lo último que harán es permitirse cooperar o relacionarse con el dolor que siente, ya que esto solo les impedirá hacer lo que deben. Esto es lo que hace que el Mach sea un manipulador tan hábil y de sangre fría.

Rasgo #6: Alta toxicidad. Lo único más tóxico que tratar con un maquiavélico es bañarse en un contenedor de radio. No importa cuánto trate de ser positivo y optimista, el maquiavélico es como una nube oscura, siempre dispuesto y feliz de llover sobre su desfile. Son increíblemente negativos y tóxicos. Estar con ellos a menudo le deja sintiéndose agotado y más allá de abrumado.

Rasgo #7: Narcisismo. El Mach es más que probable que sea un narcisista. Tienen rasgos extremadamente narcisistas, como preocuparse solo de sí mismos y no tener en cuenta los intereses de los demás. Son cualquier cosa menos generosos, atentos o conscientes de las personas que les rodean. Si no se trata del Mach, no tiene peso ni significado.

La empatía de un Mach

Cuando se trata de empatía, hay dos tipos: fría y caliente. La empatía fría es sobre todo algo que se conoce a nivel lógico. Entiende la forma en que otras personas piensan. Entiende qué es lo que pueden sentir dadas ciertas condiciones. Entiende por qué actúan de la manera en que lo hacen, y entiende la evolución de los acontecimientos con cada persona a su alrededor. Utiliza la fría empatía para comprender cómo se sentirían o reaccionarían los demás si usted tomara una cierta línea de acción.

Utiliza la empatía caliente para tratar y resonar con otras personas en un nivel emocional. Sin embargo, al Mach no le importa tratar de establecer esta conexión. Tienen empatía fría, pero no se molestan con la caliente. La razón por la que necesitan la empatía fría es simple: a veces, necesitarán hacerle creer que realmente les importa para poder obtener lo que necesitan de usted.

Señales de maquiavelismo

Aquí hay una lista rápida de señales de que está tratando con un maquiavélico y necesita cuidarse las espaldas:

1. Tienen un enfoque como el láser, concentrado solo en *sus* intereses y ambiciones.

2. Tienen confianza en todo lo que hacen y dicen.

3. Son increíblemente encantadores.

4. Les gusta mucho el poder y el dinero, pero muestran una marcada indiferencia en lo que se refiere a las relaciones.

5. A menudo recurren a la adulación.

6. Se sienten cómodos con el engaño y la mentira cuando lo consideran necesario.

7. No están dispuestos a pensar o creer lo mejor de otras personas.

8. No son grandes en valores o morales.

9. Se sienten cómodos manipulando a los demás cuando tienen que salirse con la suya.

10. Rara vez son empáticos, y cuando lo son, casi parece fabricado.

11. Nunca le permiten saber cuáles son sus verdaderas intenciones.

12. Hacen todo lo posible por no dejarse llevar por las emociones o los compromisos.

13. No creen en cosas como el bien o en personas con conciencia.

14. Se sienten cómodos con el hecho de herir a otras personas para conseguir lo que quieren.

15. Cuando los conoce, parece muy difícil llegar a conocerlos, y tienen un aire de distanciamiento.

16. No son tímidos en cuanto a ser promiscuos y a menudo tienen sexo casual.

17. Son expertos en leer a otras personas y "leer el panorama".

18. No son muy cálidos cuando interactúan con otras personas socialmente.

19. Pueden tener serios problemas para entender cómo se sienten sobre las cosas.

20. No entienden las consecuencias de lo que hacen y dicen.

La escala maquiavélica

Como se ha mencionado, el maquiavelismo existe en un espectro. La escala de maquiavelismo clasifica a los Mach de 0 a 100, usando una serie de preguntas en una prueba. Los que tienen una puntuación superior a 60 son "Mach altos", mientras que los que tienen una puntuación inferior a 60 son "Mach bajos".

El Mach bajo no tiene problema en mostrar empatía a los demás. Son en su mayoría confiados y honestos en sus interacciones. Para ellos, las personas son intrínsecamente buenas, y el éxito significa tener buena moral. Si están muy por debajo de la escala Mach, eso los hace demasiado agradables y sumisos.

El Mach alto es solo el número uno. Solo se preocupan cuando algo o alguien parece amenazar su bienestar. Para ellos, deben emplear el engaño en sus interacciones diarias. No les importa mucho la bondad humana, porque no existe en lo que a ellos respecta. El Mach nunca se pondrá a sí mismo en una posición en la que tenga que depender de usted o de alguien más, porque piensan que es una cosa increíblemente tonta e ingenua de hacer. Para ellos, el poder importa más que el amor y las relaciones. Todo lo demás no tiene sentido.

¿Naturaleza o Crianza?

En este punto, puede que se pregunte: ¿Los maquiavélicos nacen así, o se convierten en así? ¿Cuál es el origen real de este rasgo? ¿Sería uno realmente maquiavélico si fuera una persona común y corriente que decidiera leer *El Príncipe* solo para empezar a actuar como un verdadero Mach?

Mientras que el maquiavelismo es un rasgo, no es la única característica distintiva de una personalidad manipuladora. Como se dijo anteriormente, cuando una persona es verdaderamente maquiavélica, a menudo se anotará como un Mach alto... a menos que decida deliberadamente anotarse como un Mach bajo para volar bajo el radar, lo cual no es inusual para estas personas altamente engañosas. La cosa es que, en su mayoría, el resto se evaluará como Mach bajo. Esto no significa que sean incapaces de engañar, solo significa que la manipulación y el engaño no son sus líneas de base.

En el ámbito de la política, ser maquiavélico significa que es un cínico que a menudo será muy calculador en las formas en que adquiere el poder y cómo se asegura de que el poder nunca salga de sus manos. En psicología, el maquiavelismo es un rasgo que se obtiene, donde mira todas las interacciones humanas a través de los ojos de un cínico y nada más. Si es un Mach, lo sabrá porque todo, en lo que a usted respecta, es cuestión de ganar o perder.

Para ser claros, lo más probable es que haya alguna influencia de la genética cuando se trata de si alguien es o no un maquiavélico, o si será egoísta, insensible y manipulador. Dicho esto, no es enteramente en la naturaleza; la crianza también juega un papel. Mientras que los genes pueden existir, el hecho es que sus experiencias de crecimiento, la vida en el hogar, y la forma en que sus padres lo criaron probablemente contribuirá a que se convierta en un temido alto Mach. No puede esperar que alguien que ha pasado por docenas de hogares de acogida desde el día en que nació surja como un ser humano normal y corriente. No es algo inaudito, pero es raro.

La ciencia ha descubierto que algunas personas están genéticamente predispuestas a ser psicópatas. Sin embargo, incluso sin los genes, si ha tenido un terrible comienzo en el juego de la vida, es más probable que se vea afectado, sin importar lo normal que sea su estructura cerebral o lo básico que sean sus genes. Esto es lo mismo, ya sea narcisismo, psicopatía o maquiavelismo.

En cuanto a las personas que deliberadamente aprenden lo que es ser maquiavélico para poder aplicar estas estrategias en sus vidas, bueno, no es difícil ver por qué. Esto no es un respaldo al maquiavelismo, pero sería falso decir que no hay situaciones específicas en las que ser un Mach sería ventajoso. Hay escenarios en los que incluso los Mach en el extremo inferior del espectro se verán obligados a recurrir a métodos maquiavélicos para defenderse o proteger su espacio.

Digamos que no tiene casa y tiene que mudarse con un amigo, pero este amigo demuestra ser cualquier cosa menos bueno con el tiempo. Le tratan como basura y hacen que parezca ante todos los demás bajo ese techo como si fuera un mundo de problemas, atacándole cuando nadie más está mirando, o cuando no los van a pillar en el acto. Puede que se encuentre acorralado en un rincón donde, para protegerse hasta que se mude, empiece a actuar como un maquiavélico. Puede que deliberadamente esconda o distorsione la información para vengarse de ellos o para tener a más personas de su lado.

Si está tratando con un ambiente de trabajo tóxico, puede que se encuentre haciendo todo lo posible para quitarse de encima a sus colegas tóxicos. Puede que diga mentiras para evitar que las personas acumulen sus responsabilidades sobre usted. Puede que se abalance para reclamar el crédito por cosas que no hizo en realidad como una forma de advertir a los colegas infractores que le han hecho la vida difícil. Incluso puede comenzar algunos rumores. No quiere hacer nada de esto, y no le gusta nada, pero se da cuenta de que tratar de mantenerse ético y con integridad en un ambiente así es virtualmente imposible, ya que a todos los que le rodean les encantaría jugar a ponerle la cola al burro y hay un número limitado de alfileres que puede tomar sin volverse loco.

Capítulo 4: Cómo ocultar la verdad

Es hora de hablar de mentiras. Los estudios han demostrado que aproximadamente el 60 por ciento de las personas dicen una mentira cada diez minutos más o menos. Ahora bien, esto no es suficiente para decir que todo el mundo miente. Dicho esto, hay que estar de acuerdo en que el 60% no es un número que se pueda ignorar fácilmente, especialmente si se compara ese porcentaje con toda la población de Estados Unidos. Un estudio realizado por el psicólogo Robert S. Feldman de la Universidad de Massachusetts en 2002, publicado en el Diario de Psicología Social Básica y Aplicada, demostró que es difícil para la mayoría de las personas tener una conversación con los demás sin decir una mentira ni una sola vez.

Es posible que quiera excluirse de este porcentaje de "mentirosos", pero a veces se miente sin siquiera ser consciente de ello. Dice muchas mentiras piadosas, pero el hecho de que sean inofensivas no significa que no sea un mentiroso. Algunas mentiras que dice para mejorar las cosas en una relación o para que la otra persona se sienta mejor consigo misma, lo que inevitablemente le hace más simpático. Sin embargo, al final todo es un engaño.

Según *The Day America Told The Truth* (El día que América dijo la verdad), una encuesta sobre la moralidad de las masas realizada por James Patterson y Peter Kim y publicada por Prentice Hall en 1991, nuestros padres se llevaron la peor parte de nuestro engaño, ya que el 86% de nosotros los engañamos a menudo, mientras que mentimos a nuestros hermanos el 73% del tiempo, a los amigos el 75% del tiempo y a los amantes el 69% del tiempo. Tenga en cuenta que estos porcentajes se refieren principalmente a las mentiras sobre cosas que no son realmente importantes y no afectarán significativamente la forma en que se relaciona con las personas en su vida.

Por qué la gente miente

¿Quién puede juzgar una mentira como sin sentido, y con qué criterios? Además, ¿por qué las personas incluso mienten para comenzar? Lo increíble de las mentiras es que son una parte inevitable de la sociedad. Imaginen una vida en la que todo el mundo solo dijera la pura verdad. Todos probablemente se odiarían entre sí. Los vendedores no venderían nada. La publicidad y el marketing no existirían. Sus padres se preguntarían por qué demonios le dieron a luz. Otras personas les mirarían y verían a sus padres o a sus hijos como una lección de por qué nunca deberían tener hijos. Tal vez toda la humanidad se extinguiría.

Mentir es algo a lo que las personas se han acostumbrado tanto que ahora son naturales en decir mentiras y ser engañados. Es como un juego al que todo el mundo ha accedido a jugar, y una de las reglas es que no reconozca que lo está jugando.

Entonces, ¿qué es exactamente lo que impulsa a las personas a decir cualquier cosa menos la verdad, incluso bajo juramento? Para entender este impulso, tómese un momento para pensar realmente en un mundo en el que todo el mundo solo dice la verdad. Si no puede imaginarlo, debería ver la película "*La mentira original*". Ahora, por esta vez, sea honesto consigo mismo: ¿Le gustaría vivir en ese mundo? ¿Sería capaz de manejar la brutal verdad sobre sí mismo y cómo se siente la gente al ser arrojado en su cara a donde quiera que vaya? ¿Honestamente?

El hecho de que diga mentiras no le convierte en maquiavélico. Todo se reduce a la intención. Para el maquiavélico, mentir es tener el control y manipular a las personas para conseguir lo que quieren. Entonces, ¿por qué la gente común dice estas mentiras "blancas"?

1. *Quieren encajar.* Todos mienten sobre las cosas que pueden hacer o han logrado para que los demás piensen que son dignos de amor y admiración. Mienten porque quieren que los escojan por encima de la siguiente persona cuando soliciten "ese" trabajo o préstamo. Mienten acerca de haber visto una película o leído un libro que en realidad no han visto porque solo quieren que la conversación continúe sin desviarse, o porque se avergüenzan de admitir que son la única persona del planeta que aún no ha visto Juego de Tronos. Dicen este tipo de mentiras solo para ser aceptados como parte de un grupo y sentirse parte del todo, para no sentirse fuera de lugar.

2. *No quieren ser castigados.* Desde los dos años de edad, las personas se dieron cuenta de que podían salir indemnes si mentían sobre algo, sin castigo ni consecuencias. Desde entonces, las personas han aprendido a contar cuentos de encubrimiento o frases para cubrir su pellejo y hacer parecer que sus lapsus de juicio o acciones nunca ocurrieron.

3. *No quieren hacer daño a los demás.* Una de las mayores razones por las que las personas mienten es porque no quieren que otros sean lastimados por la verdad. Esto sucede mucho cuando se cuida a alguien, como en una profunda amistad o conexión romántica. Dicho esto, mentir en estas situaciones puede ser a veces una idea terrible. Digamos que está a punto de terminar una relación por una muy buena razón. Tal vez su pareja es un vago o desconsiderado. Sería mejor hacérselo saber para que le vaya mejor en su próxima relación, o simplemente se quedará como está, sin

aprender ni crecer. A veces, también necesita que las personas sean francas con usted. Si no está trabajando tan duro como podría, o si hizo algo mal, pero no era consciente de por qué estaba mal, en momentos como este, la honestidad es realmente la mejor política.

4. *Quieren que las cosas funcionen.* Le guste o no, las mentiras siempre han jugado un papel muy importante para obtener los resultados que prefiere. Esto lo notará al solicitar un trabajo, ya que la mayoría de las personas tienden a adornar sus currículos. Ciertas profesiones requieren el uso de tácticas de persuasión para conseguir que las personas compren algún producto o servicio o voten por un candidato en particular. Aquí, esto se refiere específicamente a las ventas, la publicidad, el marketing y la política.

En este punto, debe quedar bastante claro que las mentiras son prácticamente inevitables en la vida cotidiana de la gente. Dicen estas inofensivas mentiras blancas para allanar el camino hacia sus esperanzas, objetivos, sueños y mejores relaciones con todos los que les rodean.

Mentirosos patológicos

Si todos son culpables de mentir, ¿cuál es la diferencia entre usted y un mentiroso patológico? La mentira patológica es una bestia totalmente diferente y a menudo es un signo de que el mentiroso puede tener un problema de salud mental, como un trastorno de personalidad.

Cuando miente, está haciendo una declaración que no es verdadera para poder engañar a otros para obtener algo de ellos, ya sea una mejor relación o algo material. La mentira no patológica no es nada inusual, y no significa que no "sea del todo bueno" cuando le miente a su hijo acerca de Santa Claus. Por otro lado, un mentiroso patológico dirá mentiras compulsivamente. Nunca hay un beneficio claro o una razón para que mientan, no pueden evitarlo.

Las mentiras patológicas se dicen sin ninguna motivación. Normalmente, cuando miente, tiene una razón sólida. No quiere que alguien se enfade con usted, o no quiere perderse algo, o quiere ayudar a alguien a sentirse mejor, o, o, o... Con la mentira patológica, no hay una motivación definida, y no puede entender por qué se molestarían en decir tal mentira para empezar.

No es particularmente obvio si el mentiroso patológico es consciente o no de su engaño, o si puede incluso razonar a través de sus mentiras y averiguar si son o no lógicas. La mentira patológica es algo muy problemático, ya que dificulta mucho la socialización con el mentiroso, que lo más probable es que haya alejado a todos con todas sus mentiras.

Causas de la mentira patológica

Desafortunadamente, no se ha investigado lo suficiente sobre esto, así que lo que sea que cause la mentira patológica sigue siendo desconocido. Nadie puede decir si la mentira es una condición por sí sola, o si es simplemente un síntoma de una condición completamente diferente. El hecho de que decir mentiras compulsivas es parte de unas pocas condiciones bien conocidas como los trastornos de personalidad y el desorden facticio hace que sea realmente difícil de entender.

Trastorno facticio

El trastorno facticio o síndrome de Munchausen es una condición única en la que el individuo afectado actuará como si estuviera mental o físicamente enfermo cuando, en realidad, está bien.

También existe el síndrome de Munchausen por poderes. En esta condición, el individuo afectado a menudo mentirá acerca de que alguien más tiene alguna enfermedad o dolencia. En su mayor parte, este síndrome afecta a las madres que actúan como si sus hijos no estuvieran bien y le dicen mentiras a su médico sobre la condición de su hijo.

No está claro qué es lo que causa este trastorno, pero aquí hay algunas teorías: Abandono o abuso infantil, causas genéticas o biológicas, abuso de sustancias, baja autoestima, trastorno de personalidad o depresión.

Mentir o decir la verdad: ¿Ganar o perder?

A corto plazo, decir mentiras para salir adelante puede parecer un gran atajo para lo que quiere en la vida. Sin embargo, a largo plazo, se encontrará perdiendo mucho. Lo que pasa con las mentiras es que tarde o temprano, la verdad se hará evidente. Cuando eso suceda, todo lo que ha ganado con la mentira comenzará a desmoronarse.

Si tiene el hábito de mentir, descubrirá que en realidad está alejando a las personas que serían fundamentales para su éxito. Nadie quiere trabajar con alguien en quien no puede confiar. Sus relaciones también se resienten porque todos los que ama no tienen otra opción que adivinar todo lo que dice y hace, y eso es asumiendo que siguen a su alrededor, ya que la mentira lo hace parecer terriblemente egoísta y poco atractivo. Todo el mundo aborrece ser engañado, por lo que es natural querer alejarse lo más posible de un conocido mentiroso.

Acostúmbrese a ser honesto tan a menudo como pueda. Cuando se mantiene honesto, no tiene que preocuparse por no cumplir sus promesas. No tendrá que preocuparse por hacer algo malo que contradiga su historia. No tiene que sentirse terrible por todas las mentiras que ha dicho, o preocuparse de que no es la persona que ha hecho creer a los demás que es.

Puede que quiera asumir que no hay nada en las "pequeñas" mentiras que dice, pero si sigue así, tarde o temprano, comenzará a mentir sobre las cosas más grandes también. Las cosas que hace cada día, sus hábitos, a menudo esculpen a la persona en la que se convertirá mañana. Mentir es también una pendiente increíblemente resbaladiza. Va desde decir constantes mentiras piadosas a decir más mentiras consecuentes, a engañar y a robar a otras personas. Así es como se crean los Bernie Madoffs del mundo.

Honestamente, la honestidad es mucho más fácil, ya que no tiene que tratar de recordar a quién le dijo qué, o preocuparse por las pequeñas inconsistencias que son inevitables con cada versión de sus cuentos; inconsistencias que hacen que sea fácil para todos darse cuenta de su deshonestidad y engaño.

Cómo mentir u ocultar la verdad

Para detectar a los maquiavélicos, sería conveniente entrar en sus mentes y ver cómo pueden hacer lo que hacen tan bien. Por esta razón, se incluye en esta sección lo que hay que tener en cuenta.

1. *Debe mentir solo cuando sea necesario.* No mienta a menos que tenga que hacerlo... lo que significa que tiene algo que ganar. Esa es la diferencia entre un mentiroso hábil y uno patológico. El mentiroso patológico dirá muchas mentiras, y a menudo eso es lo que las hace caer en agua caliente. El experto mentiroso dirá la verdad y nada más que la verdad, a menos que tenga algo que ganar con la mentira.

2. *Trabaje en su historia.* Querrá asegurarse de que ha resuelto su historia antes de mentir. No espere hasta el último minuto para resolver las cosas, porque si lo hace, entonces lo van a atrapar. Quiere asegurarse de que ha pensado en su historia y ha abordado todas las objeciones que se puedan plantear. Cuando ha ensayado su mentira suficientes veces, hace más difícil que lo atrapen.

3. *Mentir con la verdad.* En lugar de ir con una mentira descarada, al menos debe doblar la verdad. Las mejores mentiras son aquellas que no mienten realmente. Debe decir la verdad de manera que permita a las personas tener una impresión diferente a la que usted preferiría que no tuvieran.

4. *Comprende su objetivo.* Necesita meterse en la cabeza de su objetivo. En otras palabras, todos los buenos mentirosos son buenos comunicadores. Son expertos en aprovechar los pensamientos y sentimientos de otras personas y en leerlos con

precisión. Debe ser empático con su objetivo porque es fácil decir exactamente lo que quieren oír de usted, y no va a meter la pata. No basta con pensar en lo sólida que es la lógica de una mentira para usted. También debe asegurarse de considerar el punto de vista de su objetivo. De esa manera, puede cubrir fácilmente su rastro.

5. *Mantenga su historia en orden.* Mentir es difícil. Tiene que ser coherente con los detalles. Si tiene que tomar notas, tome notas. El problema con los mentirosos terribles es que cuentan historias diferentes a personas diferentes. Esto puede confundir al mentiroso y aumentar la probabilidad de que las personas comiencen a hablar, y se den cuenta. Por lo tanto, mantenga su historia consecutiva, sin importar quién le pregunte sobre ella.

6. *Manténgase alerta.* Debe estar concentrado. Debe comprometerse con la historia que está contando. Si es acusado de mentir, no se permita sentir culpa o miedo. Si lo hace, esas emociones se mostrarán en su cara y en sus gestos... son un claro indicativo. Comprométase con la historia. Una gran manera de comprometerse es darle un giro a su cabeza recordando activamente su nueva historia como si fuera exactamente lo que pasó. Convénzase de que no es un mentiroso, y nadie más puede convencerle de lo contrario, incluso cuando está en medio de una mentira. Disfrute del proceso de engaño, de confundir a su objetivo. Sea lo que sea que haga, no sienta vergüenza o remordimiento. Si puede disfrutar confundiéndolos, entonces no es probable que meta la pata. Sin embargo, tenga cuidado con el temido engaño. No querrá que esa pequeña y secreta sonrisa se le escape de la cara a menos que esté contando una historia divertida o feliz.

7. *No dé indicios.* ¿Quiere ser un gran mentiroso? Entonces necesita ser consciente de lo que está señalando de forma no verbal. Quiere mantener el contacto visual, pero no más ni menos de lo que suele hacer en una conversación. Quiere mantener su lenguaje corporal y las palmas de las manos abiertas, ya que esto

comunica subconscientemente que no tiene nada que ocultar. Mantenga su respiración uniforme. No trague. No se rasque. No se mueva. No permita que su voz baje o suba más de lo normal, y tenga cuidado de no hacer más gestos de los habituales.

8. *Póngalo en marcha.* Cuando su objetivo sospeche que está mintiendo, tiene que subir el listón emocionalmente. Todos los grandes mentirosos son increíbles para manipular a las personas. Duplique la emoción. Alternativamente, pídales que dejen de lado sus sentimientos y miren las cosas lógicamente por un momento, y luego hágalos caminar a través de su tipo de lógica. El hecho de que utilice la palabra "lógica" con ellos ya les hace suponer que lo que salga de su boca es la verdad y nada más que la verdad. También usted puede distraerlos. Si es increíblemente atractivo, y está bastante seguro de que no pueden evitar notarlo, aprovéchelo. Si es un hombre de 40 años con cara de bebé, puede atraerlos jugando sutilmente con la inocencia infantil, especialmente si es alguien que siente la necesidad de estar en una posición superior a la suya todo el tiempo.

9. *Hacer retroceder.* La mayoría de la gente normal no está de acuerdo con la mentira y se siente igual de incómoda señalando a los demás. Como mentiroso, puede utilizar esto a su favor. Fíjese en la forma en que los políticos responderán agresivamente a las acusaciones que se hacen contra ellos. Esta agresión no es necesariamente siempre lo que parece. Con esta agresión, ellos alejan a sus objetivos de la cuestión real, por lo que tendrán que reagruparse y tener otra oportunidad de acusarlos, para esta vez, el político estará suficientemente preparado para la siguiente ronda de preguntas y acusaciones.

10. *Llegar a un acuerdo.* Incluso si es atrapado en una mentira, puede escapar de las peores consecuencias por medio de la negociación, como lo llaman los psicólogos. Lo que quiere hacer es reducir, suavizar o erradicar totalmente todos los sentimientos de responsabilidad por la mentira que dijo. Cuando pueda reducir la responsabilidad de las mentiras, así como la ira y la culpa que

resultan de sus mentiras, es más probable que tenga un resultado aún mejor que lo que le esperaba si no hubiera negociado.

Capítulo 5: Aprendizaje del comportamiento humano

No se puede detectar el engaño sin entender el comportamiento humano. Este capítulo detalla las diferentes pistas en el comportamiento humano que hacen que el engaño esté en juego. Mientras que no hay pistas específicas que estén exclusivamente ligadas al engaño, hay pistas a las que puede prestar atención en lo que respecta a la cognición y la emoción.

En su mayor parte, las mentiras se dan a menudo por las circunstancias o factores que rodean a la mentira, no necesariamente por el comportamiento del mentiroso. Dicho esto, a veces el comportamiento es todo lo que tiene para averiguar si le están mintiendo o no sobre las acciones o intenciones de alguien. Dado que el maquiavélico miente deliberadamente, no sería exagerado asumir que hay algunas señales sutiles en su forma de actuar que pueden delatarlas.

Estas son las preguntas que importan:

• ¿Hay alguna pista que puede encontrar cuando dicen mentiras?

• Si hay pistas, ¿puede verlas solo con los ojos, sin ayuda?

- ¿Son estas pistas consistentes todo el tiempo, sin importar el mentiroso en cuestión, la situación o la cultura en juego?

- Asumiendo que hay pistas, ¿hay alguna manera de descubrirlas en tiempo real, sin usar tecnología?

¿No sería grandioso si la nariz de cada mentiroso creciera mágicamente unos centímetros cada vez que dijera una mentira? Desafortunadamente, este no es el caso, e incluso la ciencia no ha señalado un conjunto de pistas que se apliquen a todo el mundo, independientemente de la situación y la cultura. Las pistas tradicionales de engaño conocidas por la mayoría de las personas, como moverse nerviosamente, tartamudear, evitar el contacto visual, etc., pueden ocurrir por otras razones además de que alguien le mienta.

Comportamientos humanos aprendidos y tics de un mentiroso

Hay investigaciones sobre la detección de mentiras basadas en el comportamiento, y puede clasificarlas ampliamente en dos categorías:

- Las pistas cognitivas involucran la memoria y los pensamientos del maquiavélico sobre lo que están diciendo.

- Las pistas emocionales involucran los sentimientos del maquiavélico mientras miente y sus sentimientos en torno al tema del engaño en general.

Pistas cognitivas del engaño

Existe un gran esfuerzo para ocultar, fabricar o distorsionar la información, mucho más esfuerzo del que se necesitaría simplemente para decir la verdad. Los maquiavélicos tendrán que inventar historias sobre lo que no sucedió realmente, encontrar maneras de encubrir lo que sucedió y hablar de las cosas de tal manera que permita a las personas obtener el significado que quieran de sus palabras.

También hay que hacer un esfuerzo por decir la verdad cuando no es precisamente cómodo, ya que habría que encontrar la forma más delicada de decirlo para no ofender al oyente o hacerle sentir mal. Al decir verdades incómodas, a menudo hay pistas, como perturbaciones más frecuentes en el habla, la latencia del discurso, ideas inverosímiles o no tan plausibles, mucho menos implicación en términos de comunicación vocal y verbal, menos tiempo dedicado a hablar y repetición constante de frases y palabras, entre otras pistas. La ciencia también muestra que puede haber un cambio en los comportamientos de comunicación no verbal debido a todo este esfuerzo. Por ejemplo, los movimientos usuales de las manos y la cabeza que se hacen con el habla a menudo delatan cuando alguien está mintiendo en lugar de decir la verdad.

Otra cosa a considerar cuando se trata de la mentira y la cognición son las características de la memoria naturalista. Cuando se ha experimentado un evento, hay cualidades de la memoria, que son muy claras cuando se describen esos eventos, frente a cuando se describen eventos que no son reales. Cuando se cuenta un cuento sobre algo que nunca ocurrió, la historia suele tener más ambivalencia y menos detalles, y tampoco hay una secuencia lógica de acontecimientos, poca o ninguna plausibilidad, mucho más en forma de declaraciones negativas, y menos en forma de contexto.

No es probable que el mentiroso admita que es olvidadizo, y no es probable que haga ajustes o correcciones espontáneas a sus historias. Puede hacer más uso de palabras que describan emociones negativas, y también hará lo posible por distanciarse de la mentira que está diciendo refiriéndose a sí mismo lo menos posible. Las pistas que se pueden detectar con respecto al esfuerzo mental que el mentiroso usa parecen suceder más a medida que entregan su mentira. Todas las pistas sobre el recuerdo de la memoria se encuentran dentro del contexto de la mentira.

Tenga en cuenta que no todas las mentiras requieren un esfuerzo por parte de todos. Las preguntas cerradas que solo requieren respuestas de "sí" o "no" son bastante fáciles de responder con una mentira. Una pregunta abierta que requiere que un mentiroso entre en más detalles no es tan fácil de responder si pretenden ser deshonestos. También puedes esperar que cuanto más inteligente sea el mentiroso, más persuasivo puede ser. Esto es especialmente así si eligen usar un evento que realmente ocurrió en algún momento como su coartada, en lugar de crear una completamente nueva. Por ejemplo, pueden decir que estaban lavando la ropa en el momento en que ocurrió el crimen, cuando en realidad, solo recuerdan el día anterior, que es el día real en que lavaron la ropa.

Pistas emocionales

No es raro que las mentiras causen emociones en el mentiroso, desde la expresión de "el placer de engañar" por haber logrado engañar a alguien, hasta la ansiedad y la preocupación por ser atrapado, pasando por sentimientos de inmensa culpa por tener que mentir sobre algo. Típicamente, las emociones se manifestarán en las expresiones faciales y el tono de la voz, y a veces esto es todo lo que se necesita para contar de manera confiable cómo se siente alguien en un momento dado.

Las investigaciones muestran que las expresiones faciales para emociones específicas como el desprecio, la ira, el miedo, la felicidad, el asco, la angustia, la tristeza y la sorpresa son reconocidas universalmente en todas las culturas y son prácticamente las mismas en todo el mundo. Dependiendo de lo que esté en juego con la mentira que se diga, a menudo habrá más de estas expresiones faciales y cambios de tono vocal. Si se trata de una mentira casual, es decir, una mentira que la mayoría de las personas dicen todo el tiempo y sin pensarlo mucho, no habrá tanta emoción en juego.

Los estudios también han demostrado que un mentiroso a menudo parecerá mucho más nervioso que alguien honesto. No son tan agradables en cuanto a las expresiones faciales. Hablan con un tono más alto y mucha tensión, sus pupilas se dilatan y se agitan. Cuando la mentira es sobre cómo se siente, el mentiroso mostrará cómo se siente realmente en su forma de hablar y en las expresiones de su cara, independientemente de lo mucho que intente cubrir sus emociones. Recuerde que, aunque muestren estos relatos, son muy sutiles y a menudo breves.

Los objetivos del mentiroso

De nuevo, mentir ocurre todos los días. Muchas personas dicen mentiras, y a menudo, no es realmente un picnic tratar de descifrar cuando usted está siendo engañado. Ahora bien, nadie está exento de ser el tonto en ningún momento, pero el problema es que algunas personas son muy fáciles de engañar y manipular, en particular, las personas que son muy:

1. Optimistas
2. Pasivas
3. Empáticas

El Empático

Para el empático, no hay necesidad de pensar demasiado cuando las personas buscan apoyo o ayuda de ellos, o se presentan como vulnerables. El empático siente profundamente las alegrías y los dolores de los demás, convirtiéndolos en presa fácil para el maquiavélico. Son increíblemente expertos en leer y sentir las emociones de otras personas, y es esta notable habilidad la que los deja abiertos a los esquemas del maquiavélico. Ni una sola vez el empático asume que alguien puede estar fingiendo sus lágrimas. Solo tienden la mano para ayudar y consolarles porque eso es lo que son. Honestamente, no hay nada malo en ser un empático mientras seas un empático cuidadoso.

El pasivo o el ingenuo

Los que son ingenuos o pasivos también son bastante fáciles de engañar, ya que sus pensamientos son muy simples, y no tienen suficiente juicio o experiencia para saber cuándo se les está mintiendo. Nunca los atraparía pensando dos veces cuando un mentiroso les echa una mentira encima. Para ellos, el mundo es un lugar simple, y no hay razón para que nadie quiera complicarlo mintiendo. Así que cuando les mienten, ni siquiera se dan cuenta.

El optimista

Los optimistas también son vulnerables porque prefieren asumir lo mejor de todos. El problema es: "todos" también incluye al mentiroso. Ellos miran el mundo a través de lentes de color dorado. No importa cuán rara o perturbadora sea una mentira, lo más probable es que el optimista no se dé cuenta, ya que a menudo es honesto con los demás y consigo mismo y espera que le devuelvan esa misma honestidad. Puede estar seguro de que es un optimista el que inventó la frase "beneficio de la duda".

Entonces, ¿está siendo blanco de los mentirosos? Este podría no ser necesariamente el caso, sin embargo, debe tener cuidado al tratar con personas aparentemente engañosas. Las personas que mienten no lo hacen necesariamente para apuntar a alguien en particular. Dicho esto, lo harán con intuición, se mantendrán flexibles y cambiarán de táctica dependiendo de con quién estén interactuando.

En otras palabras, es posible ser susceptible al engaño en sus palabras, en teoría. Además, solo porque sea más fácil mentir a ciertas personalidades que a otras, no significa que todos los demás sean impermeables a ser engañados. Una buena regla general sería ser cuidadoso cuando se trata de extraños, al menos. Esto no es abogar por la paranoia, sino simplemente sugerir que se tenga cuidado.

Capítulo 6: Tácticas de manipulación

Los maquiavélicos pueden hacer lo que hacen con una manipulación psicológica y emocional. La manipulación psicológica ocurre cuando el maquiavélico influye socialmente en usted para que actúe de manera diferente, de la manera que ellos prefieren. Manipulan para cambiar las percepciones de los demás y usan tácticas engañosas, retorcidas, indirectas e inmorales. El objetivo de la manipulación es conseguir algo a expensas de otra persona. En otras palabras, la manipulación es el manejo a causa de la explotación y la falta de transparencia que se está produciendo.

La influencia social no siempre es algo malo. Por ejemplo, si usted tiene un hábito de fumar, y su médico, familia y amigos hacen todo lo posible para persuadirlo de que deje de fumar, eso no sería necesariamente algo malo al final. Los demás no tienen nada que ganar si deja de fumar. De hecho, usted es el que más se beneficiará al ceder a su persuasión. En este caso, no está siendo manipulado, solo persuadido. Otra diferencia clave entre la persuasión y la manipulación es que la primera está bien siempre y cuando todos respeten que no tiene que hacer lo que se le pide, y no está bajo coacción o siendo forzado a cumplir con las sugerencias. Usted y solo usted puede aceptar lo que están sugiriendo, o desecharlo.

Aspectos clave de la manipulación

Para que el manipulador manipule, tienen que:

1. Esconder sus malas intenciones y actuar como si fueran amigables e inofensivos.

2. Conocer las diversas formas en que su blanco es psicológicamente vulnerable, para que puedan descubrir las mejores tácticas de manipulación a utilizar.

3. Ser lo suficientemente despiadado para no tener problemas en dañar a su blanco cuando sea necesario.

Así es como opera el maquiavélico cuando se trata de mantener el control de las personas que manipula:

1. *Usan refuerzo positivo.* Le elogiarán, serán encantadores, excepto que dicho encanto sea realmente superficial, le tirarán dinero, mostrarán una falsa simpatía, le darán su aprobación, se disculparán más de lo necesario, le darán regalos espléndidos y atención, forzarán sus sonrisas y risas, y también le reconocerán públicamente por haberlo hecho bien.

2. *También utilizan el refuerzo negativo.* Se ofrecerán a sacarle de una situación terrible si usted acepta hacer lo que ellos quieren que haga.

3. *Usan refuerzos parciales o intermitentes, tanto positivos como negativos.* Cuando se trata de lo primero, pueden aconsejarle que siga adelante con lo que quieren que haga. Cuando es la segunda, le hacen sentir mucha duda y miedo sobre lo que quiere hacer.

4. *Le castigarán de plano.* Ese castigo incluirá tratamiento silencioso, gritos, regaños, juramentos, tácticas de intimidación, hacerle sentir culpable, llorar, chantaje emocional, enfurruñarse y actuar como la víctima.

5. *Le causarán un trauma solo una vez.* Hacen esto para que aprenda a ponerse en línea. Pueden usar la ira explosiva, el abuso verbal y otras formas de intimidación para mostrarle que son los mejores, y no aceptarán ninguna broma de usted ni de nadie. Cuando ha experimentado su reproche una vez, es más que probable que encuentre maneras de no molestar a la persona que hace la manipulación.

Técnicas de manipulación

Técnica #1: Mentir por omisión. El maquiavélico elige ocultar los aspectos más vitales de la verdad.

Técnica #2: Mentir por el cometido. Aquí, la verdad está sesgada; sin embargo, no puede decir cuando el mentiroso le está mintiendo. Tenga en cuenta que el maquiavélico es un maestro en el engaño, y miente a menudo y sutilmente.

Técnica #3: Racionalización. El maquiavélico encontrará una excusa para actuar como lo hizo, aunque sea totalmente inapropiado.

Técnica #4: Negación. Se niegan a confesar lo que han hecho.

Técnica #5: Desviación. No le dan una respuesta directa. Prefieren evadirla cambiando el tema.

Técnica #6: Minimización. Esto implica tanto la racionalización como la negación. El maquiavélico seguirá insistiendo en que lo que hicieron no fue tan terrible o peligroso como alguien dice. Ellos son los que se apresuran a descartar los comentarios cortantes que hacen como "solo bromas".

Técnica #7: Culpabilidad. El maquiavélico le dirá: "No te importa en absoluto. ¡Eres tan egoísta! Sin embargo, no te culpo. Es solo porque has tenido una vida fácil". Este tipo de declaraciones le hace sentirse culpable, así que se encuentra siempre ansioso, duda de sí mismo todo el tiempo, y es sumiso cuando se trata de ellos.

Técnica #8: Intimidación encubierta. El manipulador le pondrá deliberadamente a la defensiva haciendo amenazas implícitas, sutiles, indirectas, veladas solo lo suficiente para que usted reciba el mensaje, y para que los demás lo pasen por alto.

Técnica #9: Agraviar. El maquiavélico busca hacer que se ponga a la defensiva con esta poderosa técnica. No solo está a la defensiva, sino que también hace un buen trabajo al cubrir la intención de su mensaje y va un paso más allá: Le hacen parecer a usted, la verdadera víctima, como el abusador cuando decide defenderse.

Técnica #10: Vergüenza. El Mach será sarcástico y le humillará en presencia de los demás. Esto sirve para subir la apuesta cuando se trata de cuánto usted y todos los demás les temen, y también hace que usted dude de sí mismo. La técnica de la vergüenza no siempre es tan obvia. A veces es solo en su tono de voz; otras veces, es una mirada enojada e intensa. Pueden hacer comentarios retóricos a los que no puede responder con una sutil pizca de sarcasmo. Pueden hacer que se sienta asustado o avergonzado por intentar enfrentarse a ellos. Es una gran manera de hacer que sus blancos se sientan terribles.

Técnica #11: Actuar como la víctima. Al maquiavélico le resulta fácil hacerse pasar por la víctima sufrida de otra persona, o circunstancia, solo para hacer que la gente se sienta mal por ellos o llegar a ellos y fortalecer sus relaciones. El problema es que las víctimas a menudo tienen un corazón real, y su amor y cuidado inevitablemente ponen una X en su espalda para que el maquiavélico apunte y dispare.

Técnica #12: Actuar como sirviente. Enmascararán su agenda egoísta de manera que parezca una causa noble. Dirán cosas como, "Oye, solo estoy haciendo mi trabajo", cuando en toda honestidad, solo están disfrutando de tratarle terriblemente o de verlo sufrir.

Técnica #13: Culpar a los demás. El Mach buscará chivos expiatorios y de la manera más sutil, tan sutil que le será difícil detectarlo. Proyectarán sus pensamientos sobre usted y harán que parezca que está equivocado. Incluso cuando los atrapen en sus mentiras y los expongan por lo que son, seguirán echándole la culpa por ser crédulos en primer lugar, como si no tuvieran más remedio que explotar y engañarlos por ser tan abiertos y confiados.

La única vez que el manipulador está de acuerdo en aceptar la culpa es cuando quiere parecer que tiene remordimientos.

Técnica #14: Fingir inocencia. El Mach tratará de hacerle creer que no quería hacerle daño. Mentirán y dirán que no hicieron lo que usted les acusa. Incluso pueden fingir sorpresa y actuar indignados. Cuando lo hagan, comenzará a preguntarse si realmente experimentó las cosas como lo hizo, o si está perdiendo la cabeza.

Técnica #15: Fingir confusión. El maquiavélico actuará de forma estúpida, ya que no tienen ni idea de lo que usted está hablando. Actuarán como si estuvieran confusos cada vez que aborde un asunto serio con ellos. Harán todo lo que puedan para confundirle y que se pregunte si su versión de los hechos es realmente válida, o si su cordura se está desvaneciendo. Le señalarán ciertos puntos clave, que tenían en su lugar, como planes de contingencia para la ocasión. También se habrán asegurado de tener a personas que puedan respaldar su historia, ya sea inocentemente o con tanta intención malévola como el propio Maquiavelo.

Técnica #16: Efecto arrastre. El maquiavélico hará que se someta reconfortándole, diciendo que muchas personas ya han hecho lo que usted está haciendo, y por lo tanto también podría hacerlo. Dirán cosas como: " Las personas como tú..." o "Todos lo están haciendo".

Técnica #17: La ira como arma. El maquiavélico usará la ira como un arma, blandiéndola tan intensamente como pueda para llevarle a un estado de sumisión. Parece que están enojados, pero no lo están. Es todo un acto. Quieren lo que quieren de usted, y saben que, si actúan con ira, es probable que se lo dé. Pueden llegar a la manipulación con una ira controlada para no tener que lidiar con la vergüenza de un enfrentamiento entre ambos, o pueden ocultar sus verdaderas intenciones, o pueden mantener oculta la verdad. Amenazarán con llamar a la policía o con hacer informes falsos.

Junto con la ira controlada, se obtiene el chantaje. El maquiavélico usa la ira para evitar tener que decir la verdad cuando no quieren. Usan la ira como escudo o mecanismo de defensa para que todas las sospechas e investigaciones estén muertas al llegar.

Ejemplos de manipulación en el mundo real

Meredith estaba preocupada por su amiga íntima Kayla. Kayla tenía un novio llamado Jeff, que siempre la amenazaba con suicidarse cada vez que intentaba romper con él. Ella tenía razones muy válidas para irse porque él era verbal, física y sexualmente abusivo. Finalmente, Meredith convenció a Kayla de que buscara ayuda profesional y, con el tiempo, Kayla tuvo las agallas de terminar las cosas con Jeff. Él trató de amenazar con suicidarse para que se quedara otra vez, pero esta vez, Kayla no cedió. Finalmente lo pusieron bajo vigilancia por suicidio, y Kayla se aseguró de impedir que él la contactara de nuevo. Amenazar con suicidarse es algo que los manipuladores hacen para mantener a la persona a raya.

Ben tuvo que lidiar con un manipulador en el trabajo que nunca se apegaba a los hechos y siempre lo acusaba de una cosa u otra. Un día, Ben tuvo suficiente.

Su jefa lo había convocado a la oficina y le dijo: "¡Usted es un irrespetuoso!".

Donde Ben normalmente se acobardaría, esta vez le preguntó: "¿Cómo fui irrespetuoso?".

Su jefe se quedó sin palabras, y esto solo la puso iracunda. "¡No lo sé y no me importa! ¡Todo lo que sé es que eres increíblemente irrespetuoso!".

Así que Ben lo intentó de nuevo preguntando: "¿A quién le falté el respeto? Dímelo, y lo arreglaré". Sin embargo, su jefa no tenía una respuesta concreta. Se hizo bastante obvio que su jefa solo quería manipularlo y provocarle para que reaccionara emocionalmente, pero Ben había frustrado sus planes.

Ben siguió presionando preguntando: "¿Qué me ha oído decir o visto hacer que le hace sentir que soy irrespetuoso?".

Su jefa no pudo hacer nada más que tartamudear en respuesta. Ella nunca lo volvió a molestar.

Nigel tuvo una relación con Anita durante dos años, y sufrió un trauma indecible. Anita siempre aprovechaba cualquier oportunidad para decirle a Nigel que no recordaba bien las cosas, o que había olvidado cómo eran las cosas en realidad. Como si esto no fuera suficiente problema para Nigel, tenía un desorden esquizoafectivo, lo que significaba que tenía estados alterados y lapsos de memoria. Nigel finalmente se dio cuenta de lo que pasaba cuando comenzó a hablar con otras personas que pasaban por lo mismo. Una vez que Anita ganaba una discusión con él, hacía que Nigel cuestionara su cordura y su memoria. Se abalanzaba y actuaba como el ángel, la buena mujer que perdonaba y amaba tanto a su desastroso novio. Le recordaba repetidamente que no importaba lo que nadie dijera, nunca juzgaría a Nigel por sus lapsus de memoria.

Lucy, la ex esposa de Charles, sabía muy bien que él quería una PS4 cuando se lanzara la videoconsola. Era todo de lo que podía hablar. Así que, cuando Lucy quería hacer algo, y sabía que a Charles no le gustaría nada, le llamaba por teléfono mientras estaba en el trabajo para hacerle saber que había una sorpresa esperándole en casa. Días antes de hacer la llamada, le daba sutiles pistas sobre el PS4 a Charles, y él las tenía en mente. Cuando llamaba, lo hacía varias veces para emocionarlo por lo increíble que era la sorpresa, y por cómo no podía esperar a que la tuviera.

Charles caería en la trampa cada vez. Llegaría a casa, y allí estaría ella, presentándole orgullosamente un collar barato o un chaleco que sabía que Charles odiaría. Lo observaba como un halcón, buscando una reacción que dijera que no le gustaba el regalo. Una vez que se daba cuenta de que estaba muy decepcionado, comenzaba con las lágrimas de cocodrilo.

"¿No te gusta? ¡No puedo creerlo! ¿Tienes idea de cuánto cuesta esto? ¿Cuánto tiempo tuve que esperar para conseguirlo? ¡Eres increíblemente insensible y tan desagradecido! ¡No tienes ni idea de cómo me siento de herida ahora mismo!".

Y una y otra vez, ella seguía acusando a Charles de no apreciar sus esfuerzos. Inevitablemente, Charles se sentiría culpable, y entonces tendría que hacer lo que fuera que Anita quisiera para aplacarla.

En el momento en que Charles le diera a Anita lo que más quería, de repente no le importaría nada el "regalo" que le había hecho. De hecho, él llevaba uno de los chalecos que ella le había regalado una vez, y ella le había preguntado... "¿De dónde has sacado esa cosa tan horrible?".

Charles dice que Anita era una mentirosa compulsiva y una gran manipuladora, excepto cuando consumía alcohol.

Capítulo 7: Tácticas de negociación oscuras

La negociación es el proceso de llegar a un acuerdo mutuamente beneficioso. A menudo implica llegar a un compromiso o a un entendimiento, asegurándose de evitar disputas y discusiones. Por alguna razón, muchas personas tienen miedo de negociar cuando en realidad no hay nada más que hacer que llegar a un acuerdo, o al menos, eso es todo lo que debería ser. El problema ocurre cuando se negocia con alguien que es maquiavélico o parte de la tríada oscura. En esta situación, es fácil sentirse intimidado porque en realidad son expertos en conseguir que haga lo que quieren que haga, y a diferencia de otras personas normales, no tienen miedo de utilizar trucos sucios y mostrar autoridad hasta que se acobarde y entregue lo que le pidan.

La maquiavélica y oscura negociación

En una negociación oscura, no se considera un escenario en el que todos ganen. Incluso cuando así parezca al principio, al final se encontrará con que se le ha defraudado. La ética o la moral no obligan a los maquiavélicos, por lo que no temen jugar el juego de la negociación tan bajo y sucio como sea posible. Por lo tanto, sería en su mejor interés aprender el tipo de tácticas que usan para coaccionarlo a una posición en la que realmente preferiría no estar.

Tácticas de negociación oscuras

Táctica #1: *Falsa decepción.* El maquiavélico sabe lo poderoso que es actuar con decepción. No es solo anecdótico; la ciencia también lo respalda. Las investigaciones han demostrado que cuando parece decepcionado durante las negociaciones, se le exigen menos y se le hacen más concesiones. La razón de esto es que la otra persona sentirá la necesidad de darle más para ponerlos a ambos en igualdad de condiciones o hacerlos sentir mejor sobre el acuerdo que están alcanzando.

El maquiavélico es muy consciente del poder de actuar decepcionado. De hecho, llegarán a actuar como si no les gustara la oferta que le has hecho cuando, con toda honestidad, podrían estar extasiados por lo que han obtenido de usted hasta ahora. El maquiavélico sabe dos cosas:

1. Si actúan infelices, es posible que sean más felices de lo que ya lo son, ya que pueden pedir más.

2. Si actúan felices, puede que le haga pensar que debería ofrecerles aún menos, o que debería pensárselo dos veces antes de ofrecérselo.

Los mejores negociadores, y maquiavélicos, saben que nunca deben tomar la primera cosa que se les ofrece. También saben esto: Nunca demuestre que está impresionado.

Bloqueo: Cuando el maquiavélico actúe infeliz, hágale saber que, desafortunadamente, no hay mucho más que pueda ofrecerle, pero si le hacen saber qué es lo que quieren, puede pasárselo al directivo o a una autoridad superior.

Táctica #2: "Tendrá que hacerlo mejor que eso". El pro negociador o maquiavélico, que no son necesariamente los mismos, saben usar la frase. Luego se quedan en silencio y le permiten seguir adelante y hacer una concesión que funcione para ellos.

Bloqueo: Cuando escuche esa línea, debe responder preguntando algo al efecto de: "Bien. ¿Cuánto mejor estamos hablando?". Cuando respondas esto, queda a cargo de la negociación. También evite cometer el error de ir más allá de lo que realmente quieren de su persona.

Táctica #3: *"No esté tan a la defensiva".* Cuando escuche esto, sepa que el manipulador está usando la psicología inversa en usted. A menudo, esta línea surgirá cuando el maquiavélico es muy consciente de que no está jugando con ellos. Si sienten que no confía en ellos, le pedirán que no esté tan a la defensiva, y podrían seguir esa línea con una broma para que baje la guardia. Si se ríe o sonríe de buena manera, significa que está de acuerdo con ellos, acordando que sí, que está siendo demasiado defensivo, y que necesita estar más dispuesto a hacer algunas concesiones más.

Bloqueo: No conteste nunca diciendo que no está a la defensiva. Si lo hace, se encontrará psicológicamente preparado para actuar de forma más confiada, abierta y digna de confianza solo para demostrarles que están equivocados, y esto pone el poder en sus manos. En lugar de eso, debería decir algo como esto: "Tu método para tratar conmigo me pone a la defensiva. Si quiere entrar en eso, le diré precisamente cómo y por qué". Responder de esta manera pone el poder directamente en sus manos. Por otro lado, puede responder simplemente con una broma como, "Ofréceme un trato mejor, y bajaré mi espada y mi escudo". Asegúrese de sonreír, pero de una manera que no llegue a sus ojos. Mientras lo hace, asegúrese de mantener su mirada. Lo que sea que haga, nunca mire hacia otro lado, y nunca parpadee hasta que cedan o cambien de táctica.

Táctica #4: *Crear una autoridad superior inexistente que haga difícil de conceder.* ¿Cómo puede saber que está negociando con un idiota? Cuando se presentan como la última parada de autobús o autoridad final. Si la persona con la que está negociando le hace saber que tiene algún "margen de maniobra para acordar un precio", no tiene ningún poder. El negociador poderoso sabe actuar como nada más que un chico de los recados, un cordero, un portavoz. Actúan como si no pudieran decidir por sí mismos, y necesitarán comprobar con los jefes de los mandos si pueden o no hacer las concesiones que usted busca. Con esta ventaja inexistente, pueden jugar todo tipo de juegos en su contra. También tienen las ventajas de:

1. Ganar tiempo mientras "preguntan" a su "gente".

2. Parecer duro sin ser desagradable. (Pueden decir que le darían) lo que quiere, pero tienen jefes muy duros.)

3. Haciendo el acuerdo de último minuto o el truco de la concesión con usted (que se detallará más adelante en el libro).

Bloqueo: Hay varias formas de lidiar con esta oscura táctica de negociación:

1. Compórtese como si les creyera teniendo en cuenta el juego que están jugando con usted.

2. Puede decir, "Oye, ¿realmente estamos jugando al policía bueno, al policía malo?".

3. También puede decir, "¡Genial! ¿Cuándo se va a reunir con ellos? Me encantaría estar allí para poder hablar con ellos también".

4. O puede decir, "Oh vamos, usted es el jefe/experto/director. Apuesto a que los demás tendrán que seguir sus decisiones de todos modos, ¿no?".

Táctica #5: *Luchar por un acuerdo de último minuto con falsos inconvenientes de último minuto. No es raro que el manipulador espere hasta el último minuto para decirle, "Algo acaba de surgir". Hacen esto para obtener una concesión de último minuto de su parte. Al principio, todo va muy bien. De hecho, han dado luz verde a la transacción, y le hacen saber que solo tienen que comprobar con el jefe o la junta, y todo suena como si fuera un trato sólido y hecho. Sin embargo, en el último minuto, vuelven a informarle que la junta o el jefe está siendo difícil, y por lo tanto no tiene otra opción que hacer una concesión.*

Bloqueo: Cuando le hagan saber que la gente a cargo está siendo difícil, hágales saber que también tendrá que volver con su gente, o tendrá que pensar en lo que le están diciendo. Si está en una situación en la que le necesitan mucho más de lo que usted los necesita, debe seguir adelante y explotar eso. Puede decir: "Mira, Joe, lo he pensado mucho y me gustaría mantener mi parte del trato. Pero he tenido tiempo de hacer cálculos, y cada día estoy más ocupado con más demanda, y... Odio tener que faltar a mi palabra, pero considerando la forma en que está el mercado, tengo que cobrarle un diez por ciento más para que valga la pena. Ya que le he dado un precio muy diferente, estoy dispuesto a reducirlo al 5%, pero solo para usted. Así que, hágamelo saber al final del día".

Táctica #6: *Policía bueno, policía malo.* Ya conoce cómo va esto. Aquí están las diferentes maneras en que esto puede funcionar:

1.   El policía malo actúa estrictamente mientras que el policía bueno actúa más agradable.

2.   El policía malo actúa enfurecido y sale de la habitación, mientras que el policía bueno actúa como un amigo.

3.   El policía bueno le hace saber que le darán lo que pide, pero los poderes que se conocen como "policía malo" no se lo permiten.

Bloqueo: Tenga su propio policía malo, real o falso. Alternativamente, puede actuar como si estuviera cayendo en su trampa, y luego usarla a su favor para ver qué es lo que le ofrecen. Cuando la persona que actúa como policía bueno le ofrezca un trato, le habrá mostrado su mano. Automáticamente le han hecho saber lo que funciona para ellos, que es lo que no debe aceptar en absoluto.

Táctica #7: *Deje que vengan a usted.* Cuando se trata de negociaciones, el poder percibido es muy importante. Cuanto más poder tenga, más concesiones obtendrá en una negociación porque el negociador más débil está obligado a darle lo que quiere. He aquí algunas formas sutiles en las que el negociador puede demostrar su poder sobre su persona:

- Venga a mi oficina (o a mi casa, o a su lugar preferido.)
- Solo estoy libre de 7 a. m. a 7:30 a. m., ¿le viene bien a usted?
- Estoy bastante ocupado esta semana. Hablemos la semana que viene, ¿de acuerdo?

Cuando lo pueda evitar, no vaya a su casa u oficina, o donde quieran que se encuentren. Si se encuentran en su territorio, básicamente dice que tienen más poder. También les hace sentir mucho más seguros, lo que significa que tienen la ventaja.

Bloqueo: Proponga su lugar preferido, o pídales que se reúnan con usted a mitad de camino. Otra cosa que nunca debería hacer es perseguirlos con demasiada fuerza, a menos que esté dispuesto a ceder su poder, o sea parte de su estrategia a largo plazo.

Táctica #8: *Encierro.* Esto implica ser superado en número. El comienzo de las negociaciones es a menudo un tira y afloja, donde el juego se trata de aferrarse al máximo poder. La forma en que funciona esta táctica es simple: el negociador se presenta con un montón de otras personas, y eso puede hacer que se sienta automáticamente a la defensiva. Si nota que todos están sentados a un lado de la mesa, o peor aún, a su alrededor, básicamente están tratando de enmarcar la situación en una situación de "muchos contra uno". En caso de que solo sean usted y otras dos personas negociando, tenga en cuenta si uno de ellos se sienta frente a usted mientras el otro elige sentarse a su lado. Podrían estar saltando para el juego del policía bueno contra el policía malo.

Bloqueo: Debería decirles, "Solo esperaba a Joe. ¿Por qué está aquí con más amigos?". El negociador podría responder: "En realidad también están interesados, y tuvieron tiempo de unirse a nosotros, así que ahora que estamos aquí, sentémonos y hablemos, ¿sí?". En este caso, debería responder: "En lugar de tratar de jugar a juegos de negociación, lleguemos a una solución en la que todos salgan ganando. ¿De acuerdo?".

Si no teme parecer muy audaz, y sabe que no hay ninguna necesidad de que otras personas se involucren en la negociación, puede intentar decir esto: "Escuche, he estado en contacto con usted, Joe, y si no es mucha molestia, prefiero hablar con una sola persona. Cuanta más personas se involucren, más se complicará. Prefiero mantenerlo tan simple como sea posible". Luego añada, mientras mira a las otras personas no invitadas, "Conozco un gran lugar en la zona que puedo recomendarles donde pueden tomar bebidas y comida genial".

Táctica #9: *Mordisquear o la técnica de las "últimas gotas".* Digamos que ha terminado de negociar y está tan cerca de firmar los papeles. Finalmente puede relajarse y tal vez incluso pasar tiempo socialmente con su negociador para tomar una cerveza. Ahora, baja la guardia, y está emocionado por terminar las cosas. Cuando vaya a celebrar, el maquiavélico o negociador profesional hará todo lo posible por exprimirle para hacer algunas concesiones o sacarle las "últimas gotas" de champán.

Puede que digan, "Por cierto, va a escribir material extra para el libro, ¿verdad?". Si su respuesta es "no" o que no es el momento adecuado para añadir más cláusulas a su acuerdo, harán todo lo posible para que parezca que ya era obvio que tendría que hacer lo que le piden. Podrían hacer esto diciendo: "Oh, vamos. La única razón por la que no hablamos de ello es que es el procedimiento estándar. Todo el mundo tiene que estar de acuerdo en escribir extras".

Bloqueo: Tiene que controlar el cuadro. Puede hacerlo diciendo, "No, eso no está bien. Dice que todos tienen que hacerlo, pero ¿quiénes son todos? En mi experiencia, nadie lo hace, y nadie pide eso. Así que no intente estropear las cosas cuando ya hemos llegado a un gran acuerdo para los dos".

Aquí hay otras formas de lidiar con ello:

• Sonría como si estuviera bromeando.

• Hágales saber que el acuerdo que ya tienen es bastante impresionante tal y como está, y eso es todo.

• Hágales saber que después de ese movimiento oscuro que acaban de hacer, la cena, después de que se firmen los papeles, es cosa suya. Pero, si son lo suficientemente rápidos para conseguir que firme, puede que sea lo suficientemente amable como para celebrarlo con ellos. Entonces ofrezca una dulce sonrisa y espere.

Táctica #10: *Vacilar a primera vista.* Un gran negociador se "estremecerá" rápidamente cuando haga su primera oferta. Es una poderosa respuesta no verbal que dice, "¿Está usted loco? Recorte esa cifra, mucho más abajo, ¡ahora mismo!". Si baja de inmediato, ya no estará en una posición de poder y perderá toda la credibilidad.

El retroceso puede ser un grito dramático cuando le repitan su oferta, o puede ser tan sutil como que den un paso atrás y suspiren. A menudo, un buen negociador elegirá no tomar el camino dramático, ya que es una gran manera de arruinar la relación y resulta insultante para usted y el producto que está ofreciendo.

En lugar de hacer ruido, pueden detenerse y parecer nerviosos y pensativos, casi como si dijeran, "¡Realmente quiero esto, pero ese precio es demasiado loco!". Luego podrían hacerle un cumplido y tratar de exagerar mientras ejecutan el recorte. Podría ser algo como esto: "Bueno, entiendo por qué quiere que le paguen tanto. Quiero decir, es usted. Su trabajo habla por sí mismo, y yo soy un gran fan. Me encantaría encontrar la manera de trabajar con usted". Están construyendo una relación y halagándolo para ablandarlo para que pueda bajar su precio y no quedar mal. Un terrible negociador trataría de hacer que usted o su servicio parezcan inútiles.

Bloqueo: Nunca regrese a su primera oferta de inmediato. Si lo hace, está acabado. En su lugar, debería preguntar qué es lo que están pensando, y cuando le ofrezcan su trato, usted también debería retroceder en respuesta. Si le están adulando, puede simplemente responder, "Gracias". Me encantaría trabajar con usted, también, así que espero que de alguna manera pueda encontrar una forma de pagar el precio adecuado y justo, para que podamos empezar de inmediato".

Hay muchos juegos a los que juega el negociador oscuro. Mantenga los ojos bien abiertos.

Capítulo 8: Técnicas y principios de persuasión

La persuasión se trata de influir en las actitudes, motivaciones, creencias, comportamientos e intenciones de otras personas. Cuando sucede en los negocios, se trata de cambiar la actitud de un grupo o una persona hacia un objeto, o una idea, u otras personas o grupos, mientras se hace uso de herramientas visuales, palabras habladas y escritas, y cualquier otra cosa que ayude a transmitir sentimientos, razonamientos e información en general. También se trata de hacer uso de sus recursos, tanto personales como posicionales, para que las personas piensen o se comporten de la manera que desea que lo hagan.

Puede optar por la persuasión sistemática, en la que cambia las actitudes y los comportamientos apelando a la razón y la lógica, o por la persuasión heurística, en la que apela a las emociones o los hábitos de las personas para que se abran camino.

Los 21 principios de la persuasión

Probablemente se ha preguntado cómo es que algunas personas son increíblemente persuasivas. ¿Cómo se vuelven tan hábiles en hacer que otros vean las cosas a su manera? Bueno, los siguientes 21 principios le ayudarán a aprender a ser persuasivo y a detectar cuando un maquiavélico está en proceso de persuadirle para que pueda mantener la guardia alta.

#1: *La persuasión y la manipulación son dos cosas diferentes.* La manipulación implica ser coaccionado para hacer algo que definitivamente no es en su mejor interés. Por otro lado, la persuasión se trata de conseguir que una persona haga cosas que le beneficien a largo plazo y que le beneficien a usted.

#2: *Solo trate de persuadir a aquellos que pueden ser persuadidos.* Claro, puede persuadir a todo el mundo, pero solo cuando el momento y el contexto son los adecuados. Sin embargo, solo porque todos puedan ser persuadidos no significa que puedan ser persuadidos de inmediato. Muchas campañas políticas gastan mucho de su dinero y tiempo en solo un pequeño grupo de votantes indecisos que normalmente determinan el ganador de una elección. Hay una razón para ello. Así que, lo primero que quiere hacer es averiguar quién, en un momento dado, puede ser persuadido para ver las cosas a su manera. Entonces, dele toda su atención y energía.

#3: *El tiempo y el contexto importan.* Estas dos cosas son fundamentales para el arte de la persuasión. Es el contexto el que da una línea de base para lo que está bien. El momento es lo que establece el tono de lo que quiere de otras personas y de la vida. Preferiría casarse con alguien diferente del tipo de persona con la que salió en su juventud porque sus deseos y necesidades cambian naturalmente con el tiempo. Solo porque la persona a la que quiere persuadir quería algo ayer no significa que todavía esté desesperada por tenerlo hoy.

#4: *Solo aquellos que están interesados pueden ser persuadidos.* No puede persuadir a alguien a quien no le importa lo que le está ofreciendo. En su mayor parte, nadie se preocupa por usted. Solo se preocupan por lo principal, ellos mismos. Los pensamientos de todos están preocupados por la salud, el dinero o el amor. Para persuadir a la persona, debe entender cómo hablarles de sí mismos. Si aprende a mantener el foco de atención en ellos, ellos mantendrán sus ojos y oídos enfocados en usted.

#5: *La reciprocidad es una fuerza convincente.* Por alguna razón, cuando alguien hace algo por usted, siente la necesidad de hacer algo por ellos. Está grabado en el cerebro de las personas que deben ayudar a otros a prosperar. Usted, o el maquiavélico, puede usar esta necesidad de reciprocidad para persuadir a otras personas. Cuando le ofrece a los demás gestos pequeños y significativos, automáticamente puede pedirle mucho más a cambio, y ellos estarán encantados de ayudarle.

#6: *Sea persistente.* Vale la pena. Quien sea capaz y esté dispuesto a seguir pidiendo las cosas que quiere, y siga ofreciendo valor de manera constante, suele ser la persona más persuasiva. Por esta razón, muchos líderes históricos han sido capaces de reunir a las masas para estar de su lado.

#7: *Sea sincero en sus cumplidos.* A todos les gustan los cumplidos sinceros. Algo en ellos le da ánimo a uno. Las personas tienden a confiar en aquellos que los hacen sentir bien. Así que, sumando dos más dos, se hace obvio que cuando se puede, se debe felicitar a otras personas. Ser sincero, y mejor aún, elogiar las cosas de ellos por las que no suelen ser elogiados. Cuando ofrece cumplidos sinceros, es mucho más fácil persuadir a otras personas.

#8: *Establezca expectativas concretas.* Una gran parte de la persuasión es manejar efectivamente las expectativas de otras personas para que puedan confiar en sus elecciones. Digamos que es un director general y promete ganar un veinte por ciento más en ventas, pero gana un treinta por ciento más, definitivamente será recompensado. Sin embargo, si promete un 40%, pero solo obtiene un 37%, seguramente será castigado. En otras palabras, asegúrese de que no prometer de más y entregue más de lo esperado.

#9: *Nunca presuma.* No piense que sabe lo que necesita la siguiente persona. Solo haga su valor claro. Desafortunadamente, especialmente en el mundo de las ventas, muchas personas no se molestan en ofrecer su servicio o productos porque presumen erróneamente que otros no tienen ningún interés o no tienen el dinero para pagar. Nunca suponga lo que las personas quieren. Solo haga su oferta y deje que ellos decidan.

#10: *Escasez de fabricación.* El valor de todo es relativo. Las personas tienden a querer cosas porque otras personas quieren estas cosas. Cuando quiere que alguien quiera lo que usted tiene, debe hacer que esa cosa sea escasa, incluso cuando usted es el objeto del deseo.

#11: *Urgencia de fabricación.* Debe hacer que las personas a las que está persuadiendo sientan que necesitan tomar una decisión y actuar inmediatamente. Si no están lo suficientemente motivados para querer algo de usted de inmediato, es probable que tampoco lo estén en el futuro. Debe persuadir a las personas en el aquí y ahora, y puede hacer esto jugando con la urgencia o induciendo al FOMO (del inglés fear of missing out) - temor a perderse algo.

#12: *Las fotos son potentes.* Más potente que lo que escucha es lo que ve. Esa es la razón por la que ve un comercial de una droga, donde el escenario es un lugar feliz con personas sonrientes, mientras que en un tono bajo y súper rápido, hay una voz superpuesta que habla de los efectos secundarios mortales de la droga. Las imágenes dicen mucho más que las palabras. Por lo tanto, debe estar dispuesto a dar una gran primera impresión en la mente de las personas que está persuadiendo.

#13: *Diga la verdad.* Si quiere persuadir a alguien, debe decirle cosas de sí mismo que nadie más le dirá. No hay nada más significativo que ser confrontado con la dura verdad sobre sí mismo. Cuando les dice a las personas la verdad, sin intenciones ni juicios, no solo las personas lo respetarán más, sino que también estarán más abiertas a ser persuadidas.

#14: *Establecer una relación.* Por alguna razón, las personas como otros que son similares a ellos mismos. Esto afecta a cada decisión que toman, consciente y subconscientemente. Cuando se reflejan y se combinan los comportamientos de otras personas, incluyendo patrones de habla, lenguaje corporal, cadencia del habla, etc., es fácil crear una relación con los demás para que se sientan más cómodos a su alrededor, y por lo tanto más abiertos a sus sugerencias.

#15: *Sea flexible en su comportamiento.* A menudo, la persona que tiene el control de la situación o la interacción es la que es más flexible, no la que tiene más poder. Muchos niños son extremadamente persuasivos porque están dispuestos a recorrer toda la gama de comportamientos que necesitan para obtener lo que quieren. Serán encantadores, harán pucheros, regatearán, llorarán, rogarán, lo que sea que tengan que hacer. Mientras que, como padre, todo lo que puede hacer es decir "no". Debería tener una colección de comportamientos a los que pueda recurrir. De esa manera, será mucho más persuasivo.

#16: *Vuélvase un maestro de la transferencia de energía.* Hay personas con las que pasa el tiempo que le dejan completamente agotado. En cambio, otros le llenan de energía. Las personas que son más persuasivas son maestros en infundir energía a otros. Ellos transfieren su energía a otros para encenderlos y hacer que se sientan motivados. Lo hacen usando el tacto físico, el contacto visual, la risa, la excitación en su discurso, o simplemente escuchando activamente.

#17: *Sea claro en su comunicación.* Debe explicar sus ideas y punto de vista para que hasta un niño pueda entenderlo. Si no puede, es demasiado complicado. Si va a ser persuasivo, tiene que mantener las cosas tan simples como sea posible y asegurarse de comunicar el significado central de cualquier idea que esté tratando de transmitir.

#18: *La preparación le da mucha ventaja.* Debe asegurarse de que está bien consciente de con quién está tratando y de las circunstancias. Cuando usted hace todo lo posible para estar listo, persuadirá eficazmente a los demás. Por ejemplo, si aprende todo lo que pueda sobre un posible empleador y sus servicios, productos y antecedentes, lo más probable es que esté más que preparado para una entrevista, y lo más probable es que consiga el trabajo.

#19: *Estar desapegado y tranquilo en el conflicto.* Cuando los ánimos están volando a su alrededor, ayuda a mantener la cabeza nivelada. Cuando usted es el que permanece en la inclinación, también será el que tiene el control. Debe aprender a mantener la calma, permanecer tranquilo y distante, y olvidar sus emociones por el momento. Cuando hay un conflicto, es a usted a quien recurrirán. Es en quien las personas confiarán, y estará allí para llevarlos a donde necesiten ir.

#20: *Sea deliberado en su ira.* Es raro que una persona esté en paz con un conflicto. Si quiere aumentar el nivel de conflicto y tensión en una situación, la mayoría de los demás quieren lo contrario y prefieren echarse atrás. Puede utilizar esto a su favor, pero hágalo con moderación. Lo que sea que haga, no lo haga por falta de autocontrol o por una posición emocional. Solo tenga en cuenta que puede utilizar la ira como una herramienta para hacer que las personas estén de acuerdo con su visión.

#21: *Estar seguro y confiado.* No hay nada tan atractivo como estar seguro de quién es y de sus decisiones. Cuando está seguro de sí mismo, otras personas lo encuentran embriagador y convincente. Estarán más que dispuestos a hacer lo que les pida. Si realmente cree en lo que hace, le llevará poco o nada conseguir que otros hagan lo que les sirva a ellos, mientras que usted obtiene lo que quiere de ellos también.

Persuasión vs. Manipulación

Todos los días, la gente persuade a otras personas. Cada vez, es porque tienen un interés personal en conseguir que ellos hagan lo que les gustaría que hicieran. No hay nada malo con la persuasión; es una parte natural de la interacción humana. Puede pensar en ello desde un punto de vista altruista, como si quisiera ver un mundo mejor, y así persuadir a las personas para que actúen mejor o tengan mejores creencias que fomenten ese tipo de mundo.

Puede ser que solo trate de hacer algo de dinero. No hay nada inmoral en hacer dinero. Dicho esto, las personas a las que trata de persuadir para que le compren están buscando razones para aferrarse a su dinero. Debe hacerles saber por qué deberían aceptar separarse de su dinero y qué ganarán si lo entregan.

La manipulación es usar métodos engañosos, injustos y artísticos para influenciar a otros para servir a sus objetivos egoístas. La cuestión sobre la manipulación es que nunca lleva a un escenario en el que todos ganan. El manipulador solo está buscando su propio beneficio. Esta es la diferencia clave entre la persuasión y la manipulación. La primera busca el beneficio mutuo o el beneficio de los demás; la segunda busca la ganancia egoísta.

Si alguna vez se encuentra preguntándose qué está haciendo, persuadiendo a alguien o manipulándolo, solo tiene que preguntarse: "¿Qué gana la otra persona?". Si no puede honestamente pensar en algo que los beneficie, pero no tiene problemas en pensar en todas las formas en que influir en ellos lo beneficiaría a usted, está siendo manipulador.

La manipulación puede funcionar mientras tanto, pero siempre deja una estela de insatisfacción. Las personas tarde o temprano se cansan de las payasadas del maquiavélico, y su clamor y rabia se vuelven demasiado intensos para dejarlos pasar por alto. Así que, al final, es mucho mejor persuadir a las personas. Es mejor dejar que tengan sus propias razones para unirse a su causa, ya que estas razones son genuinas, y las personas están intrínsecamente motivadas. El problema con la motivación extrínseca es que es bastante fácil de dejarla caer, especialmente cuando se dan cuenta de que es un manipulador que nunca cumple sus promesas. A diferencia de usted, un maquiavélico no tiene intenciones nobles. No se limitan a persuadir, sino que manipulan. Nunca tendrá que preocuparse de sí está haciendo lo correcto o no por otras personas, siempre y cuando se esfuerce por buscar escenarios en los que todos ganen y sean felices. Busque el bien mayor para todos los involucrados, y paradójicamente obtendrá todo el apoyo que necesita de todos los que le conocen para lograr sus elevados ideales.

Capítulo 9: Engaño no verbal

Para hablar de engaños no verbales, debe entrar en la comunicación no verbal. Hay otras maneras de comunicarse con las personas además de hablar, y todos estos métodos conforman la comunicación no verbal. La comunicación no verbal es tan importante como las cosas que las personas dicen, ya que le da mucho más contexto y riqueza de significado a todo lo que dicen o escuchan. El problema es que, en estos tiempos, las personas están tan acostumbradas a hacer muchos negocios por teléfono o a utilizar tanto el correo electrónico que un buen número de personas están comenzando a perder el contacto con los matices que forman parte de las conversaciones cara a cara. Es importante comprobar esto porque, al final, nada es mejor que una conexión en vivo con otras personas.

Albert Mehrabian, un psicólogo y también el autor del libro más vendido *"Mensajes silenciosos": Comunicación Implícita de Emociones y Actitudes*, ha realizado una investigación sobre el tema de la comunicación no verbal y descubrió que con todos los mensajes, solo alrededor del siete por ciento del significado se transmite a través de las palabras, mientras que el 93 por ciento restante se transmite a través de la comunicación silenciosa y no verbal, y la mayoría de las veces, la comunicación no verbal dice mucho más de lo que las palabras podrían decir.

Formas en que las personas se comunican de manera no verbal

Expresión facial: Esto es muy común y revelador. Mírese en un espejo. La cara que le mira fijamente puede hacer más de 10.000 expresiones diferentes, cada una de ellas dando tonos de significado e información fácilmente. Fruncir el ceño, sonreír, parpadear y poner los ojos en blanco son expresiones que se relacionan y son fuertes. Aletear la nariz o mover las cejas son expresiones que también transmiten significado sin esfuerzo. Si quiere conectar con alguien que no conoce, todo lo que tiene que hacer es sonreírle. Cuando lo hace, le da la bienvenida, le pone un marco cálido, y hace que la otra persona quiera pasar tiempo con usted.

Movimiento corporal (también llamado cinética): El movimiento corporal incluye gestos con las manos y asentimientos con la cabeza. Con su cuerpo, puede hacer saber a las personas que está emocionado por algo. Piense en la mujer o el hombre a quien le encanta hacer gestos salvajes con las manos. También hay otros aspectos de la cinética, como las cosas que las personas asocian con la ansiedad: aclarar la garganta, temblar o sacudir la pierna. Cuando está en una reunión, quiere asegurarse de que sus manos están en la mesa o se agarran suavemente. No siga tocándose la cara, ni tamborileando en la mesa o en el muslo, porque estas cosas no solo distraen, sino que pueden comunicar que no está prestando atención.

Postura: La postura es la forma en que sostiene su cuerpo, que a menudo causa una fuerte y duradera impresión en las personas. La forma en que se sienta o se pone de pie es crítica cuando se trata de cómo las personas lo perciben. Si se pone de pie con la espalda recta y la cabeza en alto, dice que es fuerte, seguro, y grita seguridad en volúmenes. Si se encorva o mira al suelo, dice que es débil, incierto, y tal vez indiferente. Si quiere mostrar a las personas que es amigable, mantenga su postura abierta. Quiere pararse con ambas piernas separadas a la anchura de la cadera, manteniendo el torso abierto en lugar de cubrirlo cruzando los brazos. La cabeza debe mantenerse en alto, y la cara debe estar relajada. Cuando cruza los brazos en una postura cerrada, le está diciendo a las personas que no quiere que se le acerquen o, en el mejor de los casos, que se aburran y, en el peor, que sean hostiles.

Contacto visual: Sería difícil encontrar una mejor manera de establecer una relación con los extraños que manteniendo el contacto visual. Cuando mantiene contacto visual, significa que está prestando atención. Está interesado e involucrado. Si usted no mantiene contacto visual, podría ser interpretado como que es grosero, desinteresado o distraído. Mantener el contacto visual no significa que debe mirar fijamente a su cara, eso es en realidad una táctica de intimidación. Quiere mirar de forma aleatoria alrededor de sus ojos, incluyendo las cejas y los párpados.

Paralenguaje: Esto involucra las partes de la comunicación verbal que no tienen nada que ver con las palabras y afectan el significado de las palabras que se dicen. Si alguna vez ha tenido que decirle a un adolescente petulante, "No utilice ese tono conmigo", sabe exactamente a qué se refiere, cosas como el sarcasmo, donde el tono de su voz no coincide con lo que está diciendo. Por ejemplo, alguien que dice "Qué emocionante" en un tono de voz menos que emocionante, claramente no está emocionado, y eso lo dedujo de su tono, no de las palabras en sí. O si alguien hace una presentación y todo el tiempo murmura tan rápido como puede, podría hacerle saber que no es sincero o que solo está nervioso. En ese sentido, tenga en cuenta la rapidez con la que habla. Asegúrese de hablar alto y claro para que todos puedan oírle. Esto no significa que debe hablar muy alto, porque no solo parece beligerante y grosero, sino que también es desagradable.

Proxémicas: La proxémica se refiere a lo cerca o lejos que está alguien cuando habla con él. Puede que haya escuchado el término "hablador cercano". En su mayoría, las personas son muy conscientes y protectoras de su espacio privado y personal, también llamado "espacio íntimo" por Mehrabian. Este espacio es típicamente de 15 a 20 centímetros. Esta zona es solo para los amigos cercanos, la familia y las parejas románticas. Cuando se habla de negocios en el trabajo, a menudo se está mucho más lejos de las otras personas, lo suficientemente lejos como para que todos se sientan cómodos, pero no demasiado lejos como para parecer desinteresados o como si se estuviera distanciando deliberadamente.

Cambios fisiológicos: Las emociones están estrechamente vinculadas a la comunicación no verbal. Encontrará que tiene la mayoría de las respuestas fisiológicas cuando se siente incómodo o ansioso. El sonrojo, la ruborización, el sudor, la comezón en las axilas y las lágrimas en los ojos hacen evidente que no se siente tan bien en este momento. Cuando note que alguien con quien está hablando no se siente bien o está nervioso, debe hacer lo que pueda para que se sienta a gusto. A menudo se puede saber, por el tono de su voz y por la palidez de sus palmas de las manos al sacudirlas, si están nerviosas o no.

Engaño no verbal

Debido a que el maquiavélico es muy consciente de que su lenguaje corporal puede delatarlos, tienen cuidado de actuar de manera congruente con las mentiras que le están haciendo girar. La forma en que el cuerpo responde a las grandes mentiras depende a menudo del miedo del mentiroso a que sean descubiertas o a que algo las delate, y tendrá que enfrentarse a consecuencias importantes. Las investigaciones han demostrado que las expectativas que rodean la forma en que un mentiroso actúa cuando está mintiendo son erróneas, ya sea que esas expectativas sean del lego o de los interrogadores profesionales. No puede ver a alguien sudando la gota gorda y asumir que está diciendo una mentira. Tal vez hace calor, o realmente necesitan ir al baño.

Cuando algunas personas mienten, les miran a los ojos. Otros no lo hacen. Algunos parecerán congelados, y otros se moverán como un orador motivacional. Podrían mirar de una manera cuando están tratando de aplicarle una mentira y mirar de la misma manera cuando no lo hacen. Pueden establecer deliberadamente sus señales no verbales para parecer honestos.

El hecho es que puede ser capaz de ver el comportamiento no verbal, pero solo puede adivinar lo que significa cada comportamiento o lo que lo está causando. El hecho de que alguien esté nervioso durante una entrevista no significa que la entrevista sea el problema. Tampoco significa que esté mintiendo, tal vez sea su primera entrevista. La forma de observar el comportamiento no verbal y el engaño es ver el comportamiento más como una alerta o una causa de preocupación, o una pista de que tal vez quiera hacer más preguntas para medir la causa real del problema.

Las señales de engaño no verbales

Aunque no se puede ni se debe hacer suposiciones sobre si alguien está mintiendo basándose solo en estas indicaciones, se debe saber qué hay que tener en cuenta para presionar más el asunto en cuestión y llegar a la verdad.

Los gestos pueden hacerle saber cuándo le están mintiendo. Los estudios muestran que los mentirosos a menudo miran hacia abajo y mueven sus cabezas y manos de una manera más rápida o más lenta de lo habitual. Una vez más, nunca debería usar pistas no verbales para detectar el engaño. Lo que quiere hacer es usarlas para detectar el estrés, lo que puede ayudarle a hacer las preguntas correctas a la persona en cuestión.

Las señales antigravitatorias son algo que el mentiroso también dará. Según Joe Navarro, un agente especial del FBI, el mentiroso a menudo utiliza gestos que desafían la gravedad, como levantarse en punta de pie cuando está de pie, a menudo al final de la frase, para aclarar su punto. O levantan los dedos de los pies cuando están sentados. Otra cosa que hacen es levantar las cejas, lo que significa que confían en las palabras que están hilando.

El gesto de la palma hacia arriba a menudo da una pista sobre el engaño. Muestra la incapacidad o la impotencia. El gesto de encogimiento de la mano también se muestra como una especie de desliz no verbal, haciéndole saber que puede no ser tan honesto como parece.

También está el autotoque, donde el presunto mentiroso se pondrá la mano en la cara subconscientemente para cubrir su vergüenza por ser engañoso. Pueden hacerlo cubriéndose los ojos o tocándose la frente, todo mientras miran hacia abajo.

Cuando se trata de engaño no verbal, ciertos cambios ocurren en seis categorías de comportamiento:

1. Cambios que muestran la ansiedad subyacente.

2. Cambios que muestran el síndrome de abstinencia.

3. Actitudes y manifestaciones excesivas que no coinciden con la respuesta habitual del mentiroso cuando es honesto.

4. Cambios que muestran que hay un efecto negativo encubierto.

5. Cambios que muestran incertidumbre y vaguedad.

6. Cambios que muestran mensajes mixtos o respuestas incongruentes.

El poder de las señales no verbales

Las señales no verbales son mucho más poderosas que las palabras o las acciones. A los pocos momentos de conocer a alguien, se habrán formado una impresión de su persona, aunque realmente no tengan ni idea de quién se trata. Habrán tenido en cuenta su forma de vestir, su comportamiento y cómo habla su cuerpo. Es la forma en que se desarrolla la interacción humana.

Si quiere asegurarse de que casi nunca es víctima de un engaño, debe convertirse en un estudioso de la comunicación no verbal humana. La razón es simple: Su cuerpo y sus gestos a menudo revelan mucho más que sus palabras. Lo mismo es cierto para un maquiavélico, y saber esto puede ayudarle a estar un paso por delante del juego.

La comunicación no verbal es una gran manera de detectar la falta de congruencia entre lo que alguien le dice y lo que realmente piensa o siente. La capacidad de leer a las personas hábilmente también le evitará situaciones embarazosas y pérdidas. Cuando algo no se siente bien, a menudo es difícil para la mayoría de las personas ocultarlo a los demás, especialmente si están cerca de usted. Cuando lo intentan, lo que sucede con más frecuencia es un conflicto inevitable y un malentendido. La comunicación no verbal es vital porque a menudo se hace de forma inconsciente, lo que significa que está fuera del control del engañador. Por lo tanto, las señales no verbales son una gran manera de determinar que un asunto no está siendo manejado o revelado tan completamente como debería ser.

Las señales no verbales también son importantes en la terapia, ya que pueden proporcionar al terapeuta una visión de sus pacientes. Si el terapeuta o consejero conoce bien las señales no verbales de su paciente y puede sopesarlas con las palabras que dice, puede decidir si hay o no una coincidencia entre ellas. Es seguro decir que el terapeuta, la mayoría de las veces, aprenderá mucho más de lo que no se dice que de lo que se dice, y armado con esta información, encontrará los problemas más profundos que aquejan a sus pacientes, que tal vez ni siquiera sean conscientes de ellos.

De hecho, existe la experiencia somática, que es un tipo de terapia que es especialmente útil para tratar a las personas que se enfrentan a un trauma. Considera las respuestas físicas y el lenguaje corporal de la persona que se somete a tratamiento, a medida que el consejero o terapeuta le presenta la causa de su trauma en pequeñas dosis seguras. Luego el terapeuta descifra las claves no verbales para evaluar en qué punto se encuentra el paciente en cuanto a la recuperación.

Las señales no verbales son más significativas en la psicoterapia cuerpo-mente, donde se miden los sonidos, la respiración y los movimientos del cuerpo del paciente. Esto es así para que el terapeuta pueda identificar fácilmente las conductas del paciente que son contraproducentes y luego ayudarles a desarrollar nuevos y mejores hábitos para reemplazar las viejas conductas. Si quiere mejorar la lectura de las señales no verbales, debe observar a las personas a su alrededor. Compare y contraste sus reacciones y comportamientos cuando le hablen en ciertos momentos sobre temas específicos con otros momentos y otros temas. Con los ojos abiertos, podrá ver lo que realmente está pasando.

Capítulo 10: ¿Quién utiliza estas tácticas?

¿Manipulación o engaño?

Digamos que es un vendedor. Se le asigna un trabajo: Conseguir que el prospecto intercambie su dinero por lo que usted está vendiendo. Eso es algo difícil de hacer, ya que la mayoría de las personas siempre están buscando buenas razones para no comprar. Para deshacerse del deseo natural de decir "no", tendrá que recurrir a ciertas tácticas como vendedor o comercializador.

- Puede poner un cartel que diga: "¡50% de descuento!"
- "¡Venta de 2 días!"
- "¡Solo quedan 7 unidades más!"

Cuando utiliza carteles como este, su prospecto pasa de argumentar en contra de comprarlo a pensar que es un negocio tan grande que tendrían que ser estúpidos para dejarlo pasar. Estas tácticas de urgencia, escasez y exclusividad funcionan muy bien cuando se aprovecha el cerebro de lagarto del comprador y se consigue que realmente hagan algo al respecto. Estas tácticas son palancas de persuasión, y muchas personas se sienten incómodas al pensar en usarlas porque las consideran manipuladoras. Tienen un punto; es manipulador. Hacer que las personas pasen sus tarjetas es calculador, pero definitivamente no es lo mismo que el engaño. Por lo tanto, si trabaja en ventas, o alguna vez se ha encontrado en una situación en la que ha tenido que usar estas tácticas, y se siente asqueroso al respecto, es probablemente porque está asumiendo que la manipulación y el engaño son las mismas cosas.

La manipulación es genial cuando quiere que las personas tomen medidas. Es usar una hábil persuasión para conseguir que alguien actúe en relación con sus intereses. De nuevo, solo puede persuadir a las personas que están interesadas en lo que está ofreciendo, y como todo el mundo solo se preocupa por sí mismo, probablemente están interesados porque saben que lo que está ofreciendo podría ser bueno para ellos. Todo lo que está haciendo es hacerles saber por qué no deberían simplemente conseguirlo, sino conseguirlo ahora mismo.

Dicho esto, a algunos vendedores no les importa hacer afirmaciones sin fundamento si eso significa que les traerá ventas.

Personas que utilizan las tácticas engañosas

Hay ciertas industrias donde los mentirosos prosperan. Ya se ha hablado de los vendedores, así que ¿quién más es sospechoso cuando se trata de engaño?

Los congresistas no son considerados las personas más honestas debido a sus trucos y tratos. No es sorprendente que esta sea la percepción general de las personas en la política en su conjunto.

Los cabilderos, por razones obvias, no son muy honestos. Puede esperar que un buen número de ellos tengan rasgos maquiavélicos, si no son completamente maquiavélicos, ya que tienen que hacer lo que deben para que las personas se abran camino.

Los vendedores de autos generalmente no son de confianza porque las personas tienden a menudo a obtener el extremo corto del palo cuando tratan con ellos. De hecho, según una encuesta de Gallup, solo el siete por ciento de los estadounidenses piensa que se puede confiar en los vendedores de autos.

Los vendedores telefónicos no tienen muchos admiradores. En el mejor de los casos, las personas los consideran una molestia; en el peor, tienen una propensión a mezclar cifras, contar cuentos y decir lo que sea necesario para que renuncie a los datos de su tarjeta de crédito.

A los corredores de bolsa les queda un largo camino por recorrer antes de poder ser considerados honestos, sobre todo porque en la industria suelen abundar las prácticas poco éticas, como el uso de información privilegiada y cosas de esa naturaleza. Es una industria bastante despiadada que a menudo solo atrae a personas que pueden manejar una gran cantidad de presión.

Los ejecutivos de negocios no son totalmente confiables. Hay demasiadas historias de directores generales que son innegablemente brillantes, pero que recurren a las tácticas más solapadas para hacer que su personal se adapte, mejore sus resultados y elimine a la competencia.

Los líderes de los sindicatos no son particularmente los favoritos de nadie, porque de nuevo, hay mucha manipulación y tratos que deben ser hechos, y la tentación de cortar esquinas o hacer algo distinto a lo prometido sigue siendo muy alta.

Los abogados a menudo pueden desviarse fácilmente hacia el engaño. Ya sea de manera altruista como queriendo ayudar a sus clientes inocentes o más bien por una necesidad personal de ganar, muchos casos tienen abogados que cruzan líneas que no deberían para obtener sus victorias.

Los agentes inmobiliarios son bastante sospechosos a veces, presentando una bonita imagen solo para que el nuevo propietario aprenda muchas cosas terribles después de comprar o pagar el alquiler.

Esto no implica que todos en las industrias mencionadas anteriormente sean un engañador o un maquiavélico, o algo así. Solo significa que estas profesiones funcionarían bien para un mentiroso y lo más probable es que haya un número significativo de personas para las que mentir es tan natural como respirar.

Política y manipulación

Ahora verán las tácticas que los políticos utilizan para que las personas voten por ellos y apoyen sus políticas, incluso cuando en realidad no servirían a nadie más que a ellos mismos.

Apelando a su orgullo nacional: Una de las formas en que los políticos pueden poner a las personas de su lado es apelando a su orgullo nacional. El poder de un político depende de su habilidad para hacer que el pueblo acepte de buena gana su legitimidad, autoridad y derecho a hacer que paguen impuestos. Además, si un político puede seguir haciendo que el pueblo respalde al gobierno y al país solo porque todos pertenecen al mismo pedazo de tierra y reconocen cierta bandera como suya, puede seguir creciendo en poder e influencia.

El problema es que no es racional apoyar desinteresadamente a un grupo en lo que respecta al votante medio. Por esta razón, el político hablará de ideales elevados, causas dignas y valores más altos. Hablarán de "el gran rojo, blanco y azul" y de servir al país. No es una coincidencia que los políticos se centren en ideales tan efímeros y vagos.

Aunque una táctica persuasiva sería hacer que el pueblo vea "Lo que hay para mí", esto no funciona bien en la política, ya que lo que funciona aún mejor que el intercambio social es una apelación a la identidad. Piénselo: Si el pueblo pensara largo y tendido sobre lo que hay para ellos si votan a alguien o los apoyan, se darían cuenta de que la respuesta a esa pregunta es "Nada".

Esculpiendo sus votantes: Otra cosa que los políticos hacen es esculpir cuidadosamente a sus votantes. Como Robert Cialdini escribió una vez, "Nos gusta la gente que es como nosotros", y como tal, es importante para el político parecer que representan a los ciudadanos de muchas maneras. En otras palabras, el político tiene que parecer el prototipo del pueblo. Piense en George Bush, con sus Bushismos, sus errores de discurso, su aparente desdén por los peces gordos de DC y su amor por el filete y la cerveza. Salió como el votante promedio, y eso fue una jugada genial de su parte, sin importar si la gente sacó algo bueno de su administración o no. Se podría argumentar que Bush era el perfecto maquiavélico en el sentido de que presentaba su debilidad como su cualidad más representativa, lo que automáticamente significaba que no podía ser atacado por ello. Incluso cuando los enemigos atacaban esta aparente debilidad, todo lo que hacía era hacerlo más fuerte.

Creando un sentido de comunidad: Los políticos también saben la importancia de crear una comunidad, un montón de "nosotros", sin "yo" en la existencia. Así es como pueden conseguir que la población deje de pensar en sí misma y piense más en los intereses del gobierno. El objetivo es conseguir que la gente sea menos egoísta y esté más centrada en el "colectivo", excepto que el colectivo es el político y sus ideales.

Lanzando a las masas un hueso: Cuanto más alto se sube en la política, más se arriesga a perder el contacto con las bases. Sin embargo, también es cierto que cuanto más alto ascienda, más influencia tendrá cuando se haga accesible al electorado. La razón de esto es simple: Si usted, tan poderoso como es, puede bajar a su nivel y ser accesible, eso hará que el público lo vea como alguien muy magnánimo. En otras palabras, los mejores políticos saben lo importante que es lanzar a las masas un hueso.

Para entender este fenómeno, solo hay que saber que los votantes prefieren tener un líder como ellos y cercano a ellos. Si un líder parece demasiado distante o demasiado alto como un rey, es más probable que sus seguidores no se pongan voluntariamente en la línea por ellos o sus causas. Un político sabe la importancia de parecer que no solo están en esto por el pueblo, sino que están a su lado. Parecer que son grandes amigos del ciudadano medio les hace naturalmente queridos por todos.

Creando sus enemigos: El maquiavélico sabe que no debe crear enemigos. En su lugar, crean adversarios. Pueden usar al enemigo como un peón para sus luchas internas de poder. Trabajan con la mentalidad de que el enemigo de su enemigo es su amigo.

También pueden entablar una amistad intocable con un enemigo mucho más fuerte, lo que permite que la opresión continúe sin fin, como cuando China defiende a los dictadores norcoreanos. Un político también sabe que cuando tienen un enemigo, pueden utilizarlo para generar un apoyo masivo y pisotear toda la oposición.

La razón por la que esto funciona es brillante y a la vez simple. Como humanos, las personas han evolucionado para dejar de lado sus diferencias y unirse cuando se enfrentan a enemigos mutuos. Esta unidad se forma con el político justo en el centro del poder de todos, por supuesto. Por eso es difícil encontrar un buen político que no tenga enemigos.

Siendo injusto con los valores atípicos: El político no es justo. Es lo que es. Incluso los grandes líderes nunca son justos. Claro que serán justos con quienes los apoyan, pero definitivamente no se molestarán en ser justos con quienes no lo hacen, y así es como continúan fortaleciendo su liderazgo.

Todos los políticos entienden que el electorado que representan esperará algunas políticas favorables. Todo el mundo sabe que esto es así a menudo. Incluso los árbitros juzgan con mucha más indulgencia cuando su equipo local comete la infracción. Algunos políticos llegarán a complacer solo los intereses de sus grupos, hasta el punto de que otros empiecen a sufrir para poder obtener más apoyo de esos grupos.

Encarnando el país: El político inteligente y persuasivo convencerá a los votantes de que ellos y solo ellos son la encarnación de la nación y todos sus valores. Cuando un político se presenta de esta manera, automáticamente pasa de ser solo de carne y hueso a convertirse en un verdadero espejo de la nación, uno que es "desinteresado". Cuando las personas comienzan a poner fotos de políticos en sus casas, es una señal segura de que esos políticos han tenido éxito.

Por un momento, recuerden a Ronald Reagan y su administración, donde fue presentado como la encarnación de todas las cosas americanas. El Asistente del Jefe de Gabinete de la Casa Blanca en ese momento, Richard G. Darman, en realidad escribió esto al comienzo de la campaña de Ron: "Pinta a RR como la personificación de todo lo que está bien o es heroico para América. Deja a Mondale en una posición donde un ataque a Reagan equivale a un ataque a la imagen idealizada de América de sí misma donde un voto en contra de Reagan es en algún sentido subliminal, un voto en contra de la mítica 'AMÉRICA'".

Reagan terminó convirtiéndose en la encarnación viva de los valores del capitalismo y la libertad, al igual que América, y esto inició un ciclo que se impulsó por sí mismo. Por supuesto, también ayudó que Reagan fuera un enemigo natural de la URSS. En lo que respecta al público americano, no fue el presidente de los EE. UU. el que se enfrentó al presidente de la URSS. Para ellos, era la encarnación viva del capitalismo y la libertad enfrentándose a los comunistas. En otras palabras, era mucho más grande en las mentes del público americano de lo que realmente era, y esto cimentó aún más la idea de que Reagan era un hombre del pueblo, por el pueblo, para el pueblo.

La estafa del "Gran Líder": Cuando el pueblo llama a un político en lugar de que el político tenga que empujarse a sí mismo hacia el pueblo, tienen la mejor situación de la historia. Es increíble para ellos cuando el pueblo cree que ellos y solo ellos pueden hacer el trabajo, sea lo que sea. De hecho, aquí está el cóctel perfecto para el poder político: Tener un enemigo, una guerra que librar, y ser la imagen perfecta de un líder decidido y duro que no se deja engañar. Sería difícil evitar que la gente votara por un líder así en masa.

Esto funciona porque las multitudes a menudo van al líder con más carisma para que les someta su voluntad. Esto es especialmente el caso cuando el país está pasando por un momento difícil con crisis tras crisis. Así que, por esta razón, el líder dominante continuará promoviendo modelos de liderazgo que son individualistas diciendo o insinuando cosas como que el país necesita líderes fuertes, como ellos mismos. También influirán en el electorado sobre los problemas e incertidumbres en el país: "¡Deja que el pueblo declare su elección!".

Pretendiendo no estar interesado en el poder: Si un político parece que no está interesado en el poder y está en él por el pueblo, obtendrá todo el apoyo que necesita. Así, el político seguirá y seguirá hablando sobre cómo se comprometen a hacer cambios beneficiosos para sus electores sin mencionar sus motivos reales.

El pueblo prefiere a los líderes que ignoran los beneficios de ser líderes que a los que solo están en esto por ellos mismos. El político sabe que tiene que ser partidario de causas importantes como las reformas. Hablarán de la necesidad de cambio o de luchar contra este enemigo u otro. Inevitablemente, esto obtiene el apoyo de las bases.

Ahora eche un vistazo a Roosevelt, el único presidente que se presentó a un tercer mandato, y luego a un cuarto. Dicho esto, al final del segundo, las cosas no parecían tan claras. Si estuviera seguro de lo que pretendía hacer, habría tenido que enfrentarse a muchos problemas y se le habría acusado de ser un autócrata.

Roosevelt dijo que quería un tercer mandato. Sin embargo, nunca dijo de plano que tampoco lo quería, ya que eso le hubiera dificultado cambiar de opinión. En cambio, trabajó en un segundo plano para que todos los demás candidatos que importaban no parecieran particularmente fuertes. Roosevelt era un hábil político y manipulador. Se moldeó a sí mismo como el "gran líder" dejando claro que no había otro o mejor candidato que pudiera hacer el trabajo de liderar América. Con la guerra en curso, deliberadamente usó a los enemigos externos como palanca. Además, actuó como si solo estuviera sirviendo por un sentido del deber y no porque quisiera el poder.

Esta sección no está destinada a golpear la política. Solo dice que este campo es muy atractivo para la gente hambrienta de poder. Es atractivo para personas como los maquiavélicos. Al final, todos ellos son solo personas, en su mayoría. No malinterprete esto como un argumento para que las personas eliminen la política por completo. Sin ella, las sociedades probablemente estarían peor.

El punto aquí es ayudarle a ver cómo las tácticas manipuladoras, persuasivas y engañosas se utilizan en la política. Cuando usted sabe cómo funciona el juego, puede tomar un papel activo y más informado en el gobierno de su nación también. La política nunca debe estar a la altura de los políticos solos. Todos están juntos en esto. Por lo tanto, debería saber cómo funciona todo para jugar el sistema para el bien común o saber cuándo un político está engañando a toda la nación.

Capítulo 11: Aprendiendo a detectar el engaño

El lenguaje corporal es importante en la vida. Si nota que el lenguaje corporal y las palabras de la persona con la que está tratando no coinciden del todo, hay problemas. Claro, algunas pistas indican la posibilidad de que alguien esté diciendo una mentira descarada, o que le estén ocultando la verdad.

Cuando se trata de la comunicación, muchas cosas van más allá de hablar, escuchar y entender. Algunas mentiras se dicen solo por cortesía. Digamos que alguien le pregunta cómo está. Probablemente no querrá contarles cómo le dejó su amante y que le duele mucho la cadera izquierda por alguna razón. No tendría problemas por decir estas mentiras. Solo dese cuenta de que son mentiras que las personas tienden a decir todos los días.

Mentir es increíblemente común y a veces esperado. Incluso hay estrategias legales que permiten la "negación plausible". Por lo tanto, es útil saber cómo detectar el engaño para que cuando esté en una situación en la que nada menos que la verdad no serviría, pueda asegurarse de llegar al fondo del asunto.

Las formas correctas e incorrectas de detectar el engaño

Centrarse en el movimiento de los ojos o el lenguaje corporal no es suficiente. Muchos estudios han demostrado que tratar de leer una mentira utilizando el lenguaje corporal o el movimiento de los ojos no es eficaz, ni siquiera para los interrogadores profesionales y las fuerzas del orden.

La investigación sobre el engaño ha sido decepcionante en su mayor parte. Mucho de ello implicó tratar de medir la intención del mentiroso mirando su lenguaje corporal o expresiones faciales como ojos saltones, mejillas sonrojadas y risa nerviosa. Recuerden a Bill Clinton cuando se tocó la nariz y afirmó no haber tenido una aventura con Mónica Lewinsky. Todos asumieron que eso significaba que estaba mintiendo. Lo que pasa con la mentira es que a menudo genera sentimientos de culpa muy intensos, nervios y a veces excitación ante la perspectiva de salirse con la suya. Estas emociones son difíciles de controlar, así que incluso cuando piensa que tiene una cara de póquer, todavía tiene algunas "indicaciones" que lo delatan. Estos indicios se llaman micro expresiones.

El problema es que cuanto más se adentran los psicólogos en el asunto, más difícil les resulta comprender cualquier pista que sea lo suficientemente fiable como para hacerte saber cuándo alguien está mintiendo. Lo que pasa con el comportamiento humano es que hay mucha variedad en él. Con el tiempo suficiente, y después de familiarizarse mucho con alguien, puede que sea capaz de saber cuáles son sus tics cuando son honestos y cuando son sospechosos. Sin embargo, no puede aplicar lo que aprende sobre cómo actúan en ambas situaciones a otras personas, ya que difiere de una persona a otra. En otras palabras, el lenguaje corporal no tiene un diccionario al que pueda acudir de manera confiable cuando esté confundido sobre lo que el cuerpo de alguien está diciendo. No hay señales que siempre aparecen cuando se trata de un engaño. Para algunas personas, se ríen cuando mienten. Otros se ponen mucho más serios. Algunos hacen un fuerte contacto visual, y otros lo evitan por completo. No hay ninguna señal a la que puedas recurrir y decir, "¡Ajá! Ahí está la señal de que me están mintiendo". Incluso la teoría de que la mente subconsciente puede saber cuándo alguien está mintiendo o percibiendo estas señales se ha probado que es falsa.

A pesar de esto, todavía debe aprender cuando se le están engañando, y casi parece que todo lo que tiene son estas señales, casi tan míticas como un unicornio. Por lo tanto, necesita una manera de averiguar cómo descubrir cuando está siendo engañado. ¿Qué es lo que hace? Concentrarse en las palabras del mentiroso. Es mejor ignorar todas las sutiles señales y manierismos que las personas dan cuando están mintiendo y en su lugar concentrarse en sacarles la verdad suavemente haciendo preguntas hasta que su historia comience a desmoronarse. Esto es lo que necesita hacer:

1. *Haga uso de las preguntas abiertas.* Cuando hace preguntas abiertas, esto obliga al engañador a expandir su historia hasta quedar completamente atrapado en sus mentiras.

2. *Use el elemento de sorpresa a su favor.* Si quiere saber si alguien está mintiendo, tiene que darle mucho más trabajo. Esto significa hacerles preguntas que no esperan o que son un poco confusas. También puede preguntarles su versión de los hechos, pero al revés.

3. *Busque pequeños detalles que pueda verificar.* Digamos que alguien le dice que estudia en Harvard, pregúntele cómo es ir allí cada día. Si nota que han dicho algo que no es cierto, no deje que le diga que está en lo cierto. Permítales crecer en confianza, y vea cómo parlotean con más mentiras.

4. *Observe cómo cambia su confianza.* Preste atención al mentiroso y vea cómo cambia su forma de hablar cada vez que decida desafiarlo. Pueden ser muy habladores cuando sienten que son los que controlan la conversación, pero si sienten que están

perdiendo el control, pueden decidir callarse y no decir más o hablar en monótono.

Quiere tener una conversación casual con ellos. No se ponga "todo interrogador" con ellos. Mantenga la presión suave, y esto será más que suficiente para que la guarida eventualmente se equivoque y muestre su mano ya sea diciendo algo que no concuerde con la historia que han dicho hasta ahora o poniéndose evasivo o respondiendo erráticamente. Recordemos que no existe tal cosa como una varita mágica cuando se trata de atrapar a los mentirosos. Se trata de tomar todas las cosas que realmente funcionan y usarlas para obtener resultados.

La información triunfa sobre una confesión

Esto es algo que siempre se usa en Gran Bretaña. Debido a la gran cantidad de confesiones falsas a mediados de los años 80, los tribunales británicos hicieron oficial que las fuerzas del orden ya no podían usar la fuerza o la agresión para obtener información de sus sospechosos. Los interrogatorios también se graban para asegurarse de que los oficiales cumplen con el nuevo método de interrogación, que consiste en tener una charla con el prisionero y comenzar a hacer preguntas de las que el interrogador ya conoce la respuesta. Esto ha ayudado a reducir drásticamente el número de confesiones falsas.

Cheryl Hiscock-Anisman, una psicóloga forense, que trabaja en la Universidad Nacional de La Jolla, California, y Kevin Colwell, un científico forense, que trabaja en la Universidad Estatal de Connecticut del Sur, New Haven, han pasado años investigando los interrogatorios. Ambos se han dado cuenta de que aquellos que inventan una historia a menudo inventan un guion fácil de recordar en el que es difícil hacer agujeros. Los que son honestos no tienen que usar un guion, ya que realmente sucedió como dicen que sucedió, y ellos estuvieron ahí. Así que los honestos cometerán errores, y no solo eso, traerán detalles que no están relacionados para apoyar su caso.

Tanto Hiscock-Anisman como Colwell han trabajado duro para hacer mucho más evidente el contraste entre los engañadores y las personas honestas. Llevando lo que han aprendido al campo, han pasado tiempo entrenando a los oficiales para buscar patrones en la enseñanza del lenguaje corporal y las señales. Mientras que el Departamento de Policía de San Diego era, al principio, escéptico sobre sus métodos, desde entonces han añadido este método a su caja de herramientas de métodos de interrogación.

Otra cosa que ayuda a decidir quién está mintiendo es hacer las preguntas más simples. Así, el entrevistador solo tiene que centrarse en las palabras y señales verbales de la persona que habla y no en las cosas no verbales. Los investigadores dicen que es mejor empezar con una pregunta no amenazante. Por ejemplo, puede preguntarles cómo fue su día. No es probable que le mientan sobre eso, a menos que hayan asesinado a alguien ese día y hayan escondido el cuerpo. La respuesta también implicará un recuerdo vívido. Junto con una respuesta honesta, eso debería darle una base para saber cómo son cuando son honestos. Sabe cuánta información y detalles suelen proporcionar cuando hablan de cosas verdaderas.

Después de establecer una línea de base de honestidad con la persona entrevistada, puede entonces pedirle que le informe sobre el asunto real en cuestión o que está siendo investigado. Cuando terminen de relatar los hechos, tiene que dar un paso atrás y comparar sus respuestas a ambas historias. ¿Ha notado que utilizan el mismo número de frases descriptivas? ¿Hubo algún recuerdo, y fue el mismo que la primera vez? Tenga en cuenta estas cosas ya que le ayudan a saber si le están mintiendo o no.

Después de esto, debe hacer una pregunta más difícil, una que a menudo delatará quién está mintiendo y quién está siendo honesto. Puede decir, "Bien, ¿puede volver a cuando todo esto sucedió y explicarme todo de nuevo, pero hágalo al revés, de acuerdo?". Lo que sucede todo el tiempo es que el mentiroso tendrá muchos problemas para responder a esa pregunta. Es un truco ingenioso para la próxima vez que su hijo adolescente mienta sobre lo que estaba haciendo tan tarde.

La ciencia ha demostrado que cuando alguien dice la verdad, le dará muchos pequeños hechos. Le darán detalles anecdóticos porque vivieron la situación como dicen que lo hicieron. De hecho, se ha demostrado que las personas honestas dan un treinta por ciento más de detalles que los mentirosos.

Verdades acerca de las mentiras

En primer lugar, el perfecto mentiroso no existe. Aunque mentir ocurre todos los días, no es algo que le resulte natural a la mayoría de las personas. A menudo habrá algún relato emocional o algo que puede y lo delatará. Otra cosa es que la mayoría de las personas apestan para entender el engaño. En otras palabras, por muy terrible que sea la mentira de la mayoría de las personas, son igual de malos detectando las mentiras.

No se puede simplemente dejar de parpadear, pero la mentira puede afectar a cuánto parpadea un mentiroso. Un artículo de investigación de 2008 de Stephen Porter y Leanne Brinke del laboratorio de Psicología Forense de la Universidad de Dalhousie mostró que las personas que mantenían sus emociones ocultas parpadeaban a un ritmo muy diferente. Si estuvieran enmascarando sus emociones, parpadearían más rápido. Si estaban neutralizando las emociones, parpadearían mucho más lentamente.

También debería saber que es mucho más difícil fingir sentimientos negativos que positivos. Este mismo artículo de 2008 mostró que es más difícil actuar triste, temeroso o disgustado que actuar feliz. Según el Dr. Mark Frank de la Universidad de Buffalo en un artículo de PopSci de 2013, es más difícil fingir emociones negativas porque cuando no se siente bien, mientras que una parte del cerebro trabaja para hacerle sentir como se siente, otra trabaja para mantener la expresión bajo control. Típicamente, no tendría este tira y afloja cuando se siente feliz.

Los mentirosos suelen usar muchas palabras diferentes a las de los que dicen la verdad. En ese estudio de 2012, se demostró que usarían muchas más palabras tentativas y hablarían mucho menos.

Una cosa interesante acerca de las mentiras es que es difícil mentirle a alguien si se siente atraído por ellos. Otro estudio llevado a cabo en 1985 por DePaulo, Stone y Lassiter, titulado *Telling Ingratiating Lies: Effects of Target Sex and Target Attractiveness on verbal and nonverbal deceptive success"* (Diciendo mentiras gratificantes: Efectos del Sexo Objetivo y del Atractivo Objetivo en el éxito del engaño verbal y no verbal), se centró en las mentiras blancas que las personas dicen para asegurarse de que todo el mundo se lleve bien. En este estudio, todos los participantes tuvieron que actuar como si estuvieran de acuerdo con otras personas en temas en los que realmente no estaban de acuerdo.

Los científicos se refirieron a estos dos engaños como:

1. Mentiras gratificantes
2. Mentiras no gratificantes, respectivamente

Los investigadores también hicieron que los sujetos dijeran tanto verdades desagradables como verdades gratificantes a lo largo del estudio. Al final, fue más fácil ver las mentiras gratificantes que las no gratificantes. Las mentiras eran aún más fáciles de detectar cuando era el sexo opuesto el que las escuchaba. Además, cuanto más atractivo era el sujeto al que se le mentía, más fácil era captar las mentiras.

Lo que es gracioso es la forma en que las mentiras fueron detectadas. Las mentiras gratificantes eran fáciles de entender usando pistas visuales como las expresiones faciales. Mientras tanto, las mentiras al sujeto menos interesante eran más fáciles de deducir usando pistas auditivas como el tono vocal. También se les pidió que actuaran como si estuvieran en desacuerdo con ellos en asuntos en los que realmente estaban de acuerdo.

La boca contra los ojos

Muchas personas, cuando están fingiendo sus sentimientos, a menudo dejan que se les escape de las manos. ¿Recuerda las micro expresiones detalladas anteriormente? Es difícil de captar, especialmente porque la boca trabaja duro y eficazmente para mantener ocultos los movimientos de los ojos.

Cuando las personas fingen sentir cosas, las microexpresiones aparecen y muestran sus sentimientos sinceros, y luego, justo después de esas microexpresiones, la boca sonríe o hace algo más para ocultar la verdad de sus emociones. La boca es tan efectiva en ocultar la verdad que a menudo será más que suficiente para ayudar a los ojos a escapar de la detección, incluso cuando el interrogador se centra solo en los ojos. Es simple: Las personas no pueden mirar a los ojos sin mirar a la boca, y viceversa. Otra nota a tener en cuenta: El tiempo es importante. Si la sonrisa sucede primero, esta no enmascarara los ojos. Si viene justo después de que los ojos emitan su microexpresión, los está enmascarando. Por eso no es tan fácil descubrir las mentiras usando solo el lenguaje corporal y la expresión facial, incluso cuando el mentiroso no es muy bueno mintiendo.

Cuando se hace trampa, es fácil olvidar la moral que se tiene para no tener que lidiar con sentimientos incómodos de disonancia cognitiva. En un estudio titulado *Dishonest Deed, Clear Conscience: When Cheating Leads to Moral Disengagement and Motivated Forgetting* (Hechos deshonestos, conciencia clara: Cuando el engaño conduce a la desconexión moral y al olvido motivado), de Shu, Gono y Bazerman, publicado en el Boletín de Personalidad y Psicología Social en 2011, los investigadores encontraron que cuando hacemos trampa o somos deshonestos, nos desconectamos de nuestra moral y nos motivamos a olvidarnos de cualquier concepto de lo correcto e incorrecto que apreciemos.

El estudio demostró que los que hicieron trampa tenían selectivamente menos retención de memoria para la información que se consideraría moralmente relevante. Otra cosa que hay que señalar es que sus recuerdos no eran diferentes de los de aquellos que eligieron no hacer trampa antes de que la tarea comenzara. La diferencia en los recuerdos apareció después. Así que, hacer trampa les hizo olvidar las reglas.

Finalmente, decir a las personas, "No seas un mentiroso" funciona mucho mejor que decirles, "No mientas". Claro, algunas personas se divierten haciendo trampa, pero la mayoría quiere hacer lo correcto al final del día. Las investigaciones muestran que, aunque a las personas no les importe mentir o hacer trampa, nadie quiere ser etiquetado como mentiroso o tramposo. Así que, la próxima vez que esté tratando con un mentiroso, puede probar la declaración "No seas un mentiroso" en ellos y ver si eso les anima a dar unos cuantos saltos más cerca de la verdad.

Capítulo 12: Volverse menos vulnerable

Este libro se envuelve con formas de mantenerse a salvo y libre de las maquinaciones de los maquiavélicos. Aprenderá cómo permanecer impermeable a sus travesuras y ser menos vulnerable que la persona promedio.

Lidiando con las negociaciones

¿Cómo se negocia cuando se le ataca durante una negociación? Ya sea que quiera llamarlo inteligencia emocional o psicología inversa, lo que va a aprender ahora mismo es algo llamado empatía táctica. Esta es el arma que utilizará para evitar los ataques maquiavélicos. Es cualquier cosa menos la norma. Es muy contra intuitivo, pero funciona. Solo necesita tener las agallas para verlo todo.

Primero, note lo contrario de lo que le molesta al negociador. Entonces, lo que necesita hacer es simplemente decir, "Parece que le gusta..." y luego terminar la frase con lo opuesto a lo que sea de lo que se estén quejando. Debe estar preparado para el espectáculo de ver un tren que se detiene por completo debido a la gran confusión que se produce en su mente. ¿Cómo exactamente se logra esto, y cuál es la razón por la que funciona?

La cosa es que, para cada uno de ellos, hay un discípulo igual. Si hay algo por lo que vienen a usted, quiere ir a por ellos por un contraste que valoran. Cuando etiqueta lo que están haciendo o diciendo, básicamente está activando su amígdala para que libere un poco de dopamina y serotonina para sentirse bien. Considere esto: Si está tratando con un propietario que no permite que las personas subarrienden sus apartamentos, significa que valoran la estabilidad más que nada. Si está tratando con un propietario que no está abierto a renegociaciones, obviamente piensan que la estabilidad es una virtud.

Muchas de las objeciones que surgen en el proceso de negociación se basan a menudo en la incertidumbre. Usted debe ser la única persona que mantenga la cabeza fría llamándolo valientemente como usted lo ve. Etiquetar el miedo preciso con el que está tratando. Si realmente quiere entrar en ello, puede etiquetarlo como positivo inverso.

Digamos que el Mach de su vecindario está atacando algo que realmente le importa o un tema candente. Supongamos que le gusta hacer ejercicio, y dice algo como: "Hacer ejercicio es increíblemente estúpido y vano. Solo intentas demostrar que está más en forma que yo haciendo este programa de entrenamiento". ¿Qué dice en respuesta? Podría decir: "Pareciera como si te gustara estar con personas que sientes que son tus iguales".

Quiere seguir con estas etiquetas con una pausa. Después de eso, guarde silencio. Permita que se hunda en su cabeza y que se abra paso a través de su cuerpo. No rompa el silencio primero.

Puede que sienta que no tiene el ingenio rápido para etiquetar algo en este momento, pero sí lo tiene. Solo necesita practicar, y entonces lo hará de forma natural. Así que, solo diga las palabras, "Suena como si te gustara..." y termine la frase. Lo que sea que haga, no se aleje de ellas. No hable. Espere. Cuanto más practique esto, mejor lo hará. Hacerlo cinco veces al día durante tres o cuatro días seguidos debería dar resultados notables. Siempre que esté negociando, tenga en cuenta que siempre quiere hacer las cosas contraintuitivas. Así es como se obtiene la ventaja. Esta técnica de etiquetado le dará mejores tratos de los que pensó que podría obtener.

La vulnerabilidad número uno: Pensar que es demasiado inteligente

Puede que piense que es demasiado inteligente para ser engañado por el maquiavélico y otras personalidades engañosas, pero lo más probable es que no lo sea, y esto no es un insulto. Debe deshacerse de esa noción porque es exactamente lo que lo hace vulnerable al engaño. En un libro titulado *El juego de la confianza*, escrito por María Konnikova, hay mucha información sobre por qué las personas se enamoran de los estafadores y sus estafas. La víctima del estafador no solo es ignorante y tonta, sino que también es gente normal que está desesperada en ese momento o demasiado emocionada para ver lo que realmente está pasando.

La mayoría de los líderes están orgullosos del hecho de que son estratégicos y lógicos. Sin embargo, Konikova advierte que el orgullo es el principio del fin. El orgullo le ciega a las artimañas del maquiavélico.

Lo gracioso de los anteriores presidentes americanos es que los mejores son humildes, mientras que los peores son ineficaces y orgullosos. Rara vez estaban abiertos a admitir que se equivocaban en algo, y era aún más difícil admitir sus errores porque tenían demasiada experiencia, suficiente para hacerles creer que estaban por encima de ser falibles. Sin embargo, los grandes presidentes eran abiertos, humildes y honestos sobre sus debilidades.

Siguiendo esta lógica, aquí hay un hecho que les sorprenderá: La única persona que puede ser estafada además de los orgullosos, emocionales o ignorantes es el propio estafador, ya que se siente intocable, inmune a ser tan estúpido como para caer en un plan como el suyo. Cuanto más asuma que es consciente, más fácil le resultará profundizar en el autoengaño, lo que le dejará abierto a ser engañado por otras personas a su alrededor.

Autoengaño, negación e inmunidad

Había una vez un estafador llamado Fred Demara. Era uno de los mejores que el mundo había visto. Se había hecho pasar por todos, desde hombres de negocios a médicos y sacerdotes. Durante la guerra de Corea, se hizo pasar por cirujano de trauma a bordo de un destructor canadiense. Era capaz de llevar a cabo cirugías usando un manual que un médico real había escrito para él.

Este mismo Frank había encargado a un escritor que le hiciera una biografía, solo para robar la identidad del escritor. Como si las cosas no fueran lo suficientemente extrañas, el biógrafo cuya identidad fue robada pasó muchos años después defendiéndolo. Las personas a las que Frank había tomado por tontos iban más allá por él, una y otra vez. La razón de esto es que no estaban dispuestos a aceptar que habían sido engañados, y Frank era muy consciente de esta tendencia y la explotó.

Piense en esto por un minuto. Estudios de la Universidad de Harvard y Startup Compass muestran que no querer dejar ir un plan de negocios hace mucho menos probable que una compañía salga a bolsa. Hay demasiados directores generales y líderes empresariales que hacen mal a sus empleados y a sus organizaciones al dar más importancia a la apariencia de un liderazgo fuerte y decidido, en lugar de estar dispuestos y ser flexibles para dar marcha atrás en su decisión o emplear una estrategia diferente que pueda ayudar a llevar su negocio a alturas revolucionarias. Los líderes que terminan siendo engañados son los primeros en engañarse a sí mismos.

Cómo no ser un idiota

El orgullo es parte del ser humano. La desventaja del orgullo es que a menudo es alabado como algo admirable, como el orgullo de su trabajo, sus habilidades, etc. Esto es inevitablemente lo que le abre a ser engañado, primero por usted mismo y luego por los demás. Entonces, las preguntas se convierten: ¿Cómo puede evitar que esto suceda? ¿O cómo puede no ser un idiota?

Debe estar de acuerdo en admitir que está/podría estar equivocado. En su autobiografía, Benjamin Franklin escribió sobre su decisión de empezar a ser franco cuando sintió que podía estar equivocado al hacer sus argumentos. Señaló que desde que eligió hacer esto y escuchar a la gente con la que no estaba de acuerdo en lugar de esperar a volver a enfatizar su percepción o punto de vista, había reducido su miedo a no estar en lo cierto. Aquí están las palabras del hombre para que pueda aprender de ellas:

"Hice una regla para soportar todas las contradicciones directas a los sentimientos de los demás y todas las afirmaciones positivas de los míos. Incluso me prohibí a mí mismo el uso de toda palabra o expresión en el lenguaje que importara una opinión fija, como 'ciertamente', 'sin duda', etc. Adopté en su lugar 'concibo', 'aprendo' o 'imagino' que una cosa es así y así; o 'así me parece en la actualidad'".

"Cuando otro afirmaba algo que yo consideraba un error, me negaba el placer de contradecirlo bruscamente, y de mostrarle inmediatamente algún absurdo en su proposición. Al responder, comencé observando que, en ciertos casos o circunstancias, su opinión sería correcta, pero en el presente caso, apareció o pareció haber alguna diferencia, etc. Pronto encontré la ventaja de este cambio en mi enfoque. Las conversaciones que mantuve se desarrollaron de forma más agradable. La modesta forma en que propuse mis opiniones les proporcionó una recepción más rápida y menos contradictoria. Me mortificaba menos cuando me encontraba en el mal, y me fue más fácil convencer a los demás de que abandonaran sus errores y se unieran a mí cuando yo tenía razón".

Puede leer la autobiografía de Benjamin Franklin para aprender más sobre la estrategia, que ayudó al hombre a ser mucho menos orgulloso o menos idiota. Así que, lo que sea que haga, siempre esté abierto a cambiar de opinión sobre las personas, situaciones o estrategias. Sea flexible, y le será más fácil darse cuenta cuando esté a punto de ser engañado. Si usted está tan desesperado por tener y mantener una buena reputación, va a ser un objetivo principal para un maquiavélico. Además, incluso después de que se hayan salido con la suya, seguirá siendo engañado, negándose a reconocer que le han tomado el pelo. No sea esa persona. No sea un idiota.

Conclusión

Por fin ha llegado al final de este libro, y lo más probable es que haya aprendido mucho sobre las mentiras, los mentirosos, los maquiavélicos y sus intrigas. Nunca más tendrá que permitirse ser víctima de este grupo de personas inescrupulosas.

Otra cosa que hay que señalar es que no basta con leer un libro y asumir que usted no necesita seguir aprendiendo sobre el proceso de engaño. La razón por la que debe continuar educándose es simple: Cada día, especialmente con la tecnología y todo tipo de innovaciones, el engaño es cada vez más fácil de conseguir, especialmente cuando se trata de los medios de comunicación y el poder político.

Debería repasar este libro de nuevo y marcar las secciones que se destacan. Practique lo que ha aprendido para que se sienta más seguro de enfrentarse a las personas que le engañan, o mejor aún, espere el momento oportuno para darles la vuelta y mostrarle al mundo lo que realmente son.

Ha hecho algo muy inteligente al comprar este libro, y está aún mejor por haberlo leído. No tiene que ser como el resto del mundo, crédulo para la gente retorcida. Por una vez, puede recuperar el control de su vida. Hay que reiterar que la información que ha aprendido en las páginas de este libro es increíblemente potente, y tiene que usarla responsablemente, y preferiblemente, para bien.

Nunca asuma ni por un minuto que es demasiado brillante para ser estafado o engañado. Incluso las mentes más brillantes han sido engañadas. Ya no tiene que ser presa de eso. Si no aprende nada más de este libro, tenga en cuenta que siempre debe ser honesto y sincero en todo lo que haga porque le servirá mejor a largo plazo. A veces en este libro, se le puede ocurrir que probablemente le sirva para emular al maquiavélico. La verdad es que sí, lo hará, pero solo a corto plazo, y después de eso, le será muy difícil conseguir que las personas confíen en usted. No quiere esto. Así que, en todo lo que haga, sea honesto, abierto, humilde y recuerde: Cualquiera puede ser una víctima. No volverá a ser una víctima si considera que no está por encima de ser engañado.

Vea más libros escritos por Neil Morton

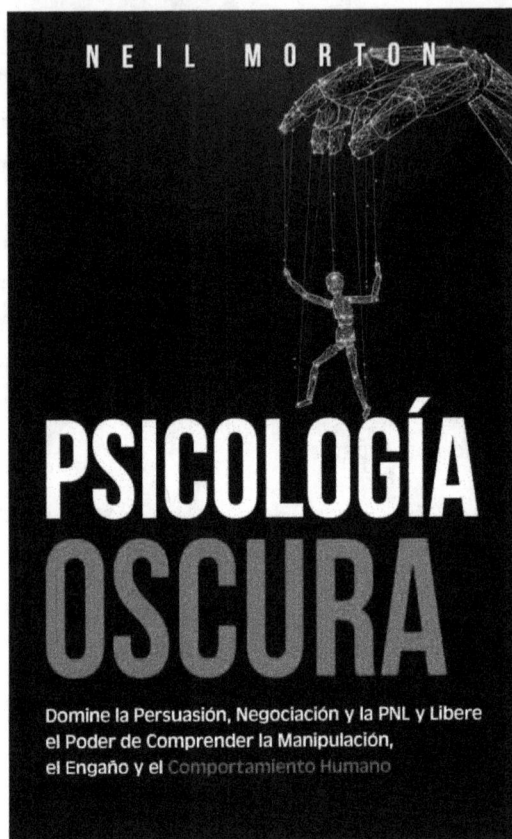

Referencias

http://www.thoughtco.com

http://www.sciencedaily.com

http://www.scientificamerican.com

http://www.theconversation.com

http://www.psychologytoday.com

https://psychcentral.com/

http://www.time.com

http://www.bustle.com

https://www.rewire.org/

https://www.historians.org/

https://exploringyourmind.com/

http://www.theverge.com

https://www.cracked.com/

http://interestingengineering.com

http://www.howstuffworks.com

https://www.iapm.net/en/start/

https://www.theplaidzebra.com/

http://www.aconsciousrethink.com/

https://www.parcast.com/

http://www.everygirl.com

http://www.lifehacker.com

www.ingramcontent.com/pod-product-compliance
Lightning Source LLC
Chambersburg PA
CBHW071955260326
41914CB00004B/809